Andrés Eduardo

El Ser y el Sufrimiento

Andrés Eduardo

El Ser y el Sufrimiento

Escapar del sufrimiento es escapar del ser.

JustFiction Edition

Imprint

Cover image: www.ingimage.com

Publisher:
JustFiction! Edition
is a trademark of
International Book Market Service Ltd., member of OmniScriptum Publishing Group
17 Meldrum Street, Beau Bassin 71504, Mauritius

Printed at: see last page
ISBN: 978-613-9-42318-7

El Ser y el Sufrimiento

ÍNDICE

Contenido

ÍNDICE 2

PERSPECTIVA AGNÓSTICA NIHILIZADORA 5

CRÍTICA DE LA IRRACIONALIDAD PURA 5

LA ANEMIA DE LA RAZÓN 5

- **El Ser del Sufrimiento** 17
- **"El hombre confina con la nada y Dios la sostiene" Guardini** 28
- **¿El sufrimiento es la única verdad del "ser ahí" por el mero hecho de estar patente, pero la verdad es concordancia con el objeto y si no concuerda con lo demostrado?** 36
- **La razón del sufrimiento ¿A qué se enfrenta? ¿Existe o no existe?** 45
- **La Angustia de Kierkegaard y el Sufrimiento** 49
- **La Historia del ser** 55
- **El pensar y el sufrimiento** 59
  - **El Es** 67
  - **El no ser** 75
  - **El Pensar y la Muerte** 78
- **La Angustia – El sufrir** 80
- **El ser impuro** 86
- **La presencia con la elección** 87
- **Cualidad del sufrir** 90
- **Iniciación a la maldad** 95
- **El ser, el sufrimiento, el arte y la sociedad** 111

BIBLIOGRAFÍA 117

“La única razón que encuentro para vivir, es

sufrir y eso es lo único que pido para mí”

Santa Teresa Jesús de Ávila

“El hombre, en su sufrimiento,

es un misterio intangible”

Karol Woytila

“Todo individuo que no vive poética

o religiosamente es tonto”

Soren Kierkegaard

¡Qué misterio tan profundo
éste de mi propio ser;
he surgido del no-ser
y me exalto y me confundo
mientras cantando me hundo
en mi mirada, y sombra y lodo!
Soy cadáver a tu modo,
Soy sueño, soy despertar,
soy vida soy palpitar,
soy luz, soy llama, soy todo.
Muerte, que das a mi vida
transcendencia y plenitud,
muerte que ardes de inquietud
como rosa amanecida,
cuando llegues encendida
y silenciosa a mi puerto,
besaré tu boca yerta
y, en el umbral de mi adiós,
al beso inmenso de Dios
me dispondrás, muerte muerta, amén.

Oración tomada de la conmemoración de todos los fieles difuntos

PERSPECTIVA AGNÓSTICA NIHILIZADORA

CRÍTICA DE LA IRRACIONALIDAD PURA

LA ANEMIA DE LA RAZÓN

La realidad es una mentira de la verdad. El hombre está inmerso a vivir una realidad, que es esta su verdad, pero la verdad tiene una mentira que es la razón (hablo de la verdad según el hombre) Si Sartre decía que el hombre queda inmovilizado en medio del poder de las estructuras, profesión, dinero, costumbres, partidos políticos, etcétera.

El hombre está aún más inmovilizado o mejor dicho es un esclavo ¿De qué?... de la razón, el hombre es un esclavo y la esclavitud en esencia es estar limitado y ¿Por qué la razón? La razón es muy diferente al pensamiento, al intelecto, ya Sócrates decía que el conocimiento es innato, aunque Aristóteles no.

El hombre ha querido siempre tener su verdad o sus verdades y en el momento en que la tiene "la hace presa de su subjetividad" como decía Kant, en este instante el humano es un esclavo de su razón y esta lo empuja a inventarse su propia realidad ¿Cómo? Haciendo cosas y vive esclavo en esa realidad que ha inventado, por algo Sócrates la llamaba Daimon o demonio.

Ésta ha llevado al "ser" tener conciencia de su existir, pero la razón le dice a la conciencia que existir es hacer cosas rutinarias; y existir no es hacer cosas (Ver Martín Heidegger: *La pregunta por la cosa*) La razón está en constante confrontación contra la vida, ya que siempre habrá alguien que quiera tener la razón, y ¿Por qué quiere uno tener la razón?

Para poder tener poder sobre el otro, en esto se funda todo hombre desde su inconsciente, en su principio de tener poder siendo él.

Ahora en la nada hay una objetividad que es la subjetividad de la razón, pues en la conciencia de la razón hay una conciencia del existir que es pura teoría.

La razón está constantemente asesinando al hombre, por eso hay pugnas ideológicas, se hace esclava a la gente dividiéndola en clases, la misma es la máscara de la mentira de la verdad humana, es la que le da una forma de alienación frente al mundo para que la vida tenga sentido.

Nietzsche manifestaba: "El aburguesamiento del sentido de la vida ha atrofiado nuestra imaginación en el racionalismo, nos ha cerrado el acceso a la comprensión directa y auténtica de lo trágico"

En sí la razón ha tratado darle una explicación al existir o Dasein del hombre en las cosas, ha matado el espíritu del hombre con fragmentos de una inexorable vida de desesperaciones y frustraciones llenándose este demonio de palabras, frases, hechos y realidades, en sí todo lo que él se ha inventado, la modernidad, post-modernidad, han venido de ahí. ¿Por qué?

El hombre corre tras las cosas supuestamente para vivir, pero si ya no vive él, mas vive para las cosas ¿Por qué? Porque cree que no va a morir o mejor dicho sabe que va a morir, pero no se lo piensa, en sí nada vale la pena para él, entonces la muerte toma un protagonismo en su vida que lo atormenta; pero parece que lo único que vale es la muerte, ya no tiene necesidad de existir porque está muerto por la contaminada razón, así el sueño de vivir se vuelve una real pesadilla.

¿En dónde han empezado las famosas guerras internas? En la insatisfacción creada por la razón queriendo tener la verdad transformada subjetivamente por el humano.

La razón no concibe a la nada, pero en esta "nada" tal vez exista algo, por ejemplo:

Cuando llevamos una pieza ha cierto lugar para arreglarla, pasamos por todos los procesos para que me realicen el trabajo, al final te llevas el objeto, pero que pasa, lo compruebas y ves que no funciona, entonces regresas y te arreglan el desperfecto, al final te dicen que no es nada, este ejemplo que parece tonto explícita la situación humana, a veces lo tonto cuestiona la integridad de lo lógico en que la ridiculez justifica su instancia, volviendo al ejemplo, para aquella persona, esta " nada" significa mucho, o sea "algo" ya que todo hombre le exige algo a cambio, ya Nietzsche decía : " Todo lo que tiene precio carece de valor" también la muerte exige a la vida y después de la muerte la nada entrega "algo" y muchas veces la razón entrega desesperación.

Ahora la realidad que vive el hombre es tan irreal que la razón dice que es real, por esto invita al hombre a inventarse su realidad queriendo tener su verdad, y no existe "su verdad" o "mi verdad" sino "la verdad" de ahí lo que manifestaba Heidegger: "La victoria de la verdad es la muerte de la razón" ¿Y cuál es la verdad? La verdad tiene dos cariz, un trasfondo y un fondo, su trasfondo es la " la nada" que es la esencia y esta carece de esencia frente a la " nada" que es la esencia que nos inmortaliza en la muerte, la palabra esencia en latín significa literalmente " lo que era el ser" y en la esencia hay una ausencia del ser que es el mar del escepticismo y sin salvavidas de respuestas que en definitiva nos lleva a vivir inmerso en la nada, está es la inseguridad más segura que tiene el hombre, vivir en esta incertidumbre de la nada radica no en el objeto, ni en el hombre, sino en el pecado que le conduce a descubrir en su muerte el descanso superficial de su conciencia y la plenitud de su nada. Ya que el hombre con su razón a llenado a la vida de teorías y ha convertido en conceptos aún los hechos.

Cuando Descartes habla sobre el "cogito" "pienso, luego existo" ha dicho que si pienso existo, o sea, si razono existo y los animales razonan y están ahí.

A veces la Filosofía no es sólo hablar cosas coherentes, ya que la Filosofía tiene sus incoherencias, ya que no ha llegado nunca a la verdad absoluta, ha llegado a su "verdad" o va en busca de la verdad, en cada individuo, él teniendo "su verdad" aunque la Filosofía no necesita entendérsela ya que ella misma se sustenta, pero no la verdad en esencia indefinida, así ¿Quién tiene la verdad? Tal vez la verdad para nosotros es que vemos de diferentes colores, pero la verdad varía según el grado de contaminación educacional que tengamos y es así como la verdad se ha vuelto una propiedad del ser y no una forma de vivir.

Hemos convertido a la verdad en subjetividad, según lo que nos conviene o en lo que podamos llamar la atención como intelectuales lo que pensamos de la verdad, es sólo *sub júdice*, no hemos dado ningún paso con la verdad, el primer paso ha de ser la muerte del ser que nos conduzca a contemplar la verdad absoluta, "a la verdad" y no a mi "verdad".

No puede la razón manosear o convertir su mentira en su verdad, frente a esto vemos que hay dos clases de hombre: el hombre del vacío lleno de la nada absoluta y hombre vacío lleno de la nada absurda

El primero es aquel que tiene su vida hecha o no la tenga hecha en lo económico (pobre o rico) verá que todo lo que ha hecho lo deja en un desecho, en sí en la ontológica nada y la nada (el algo) le hará ver que apesta, que no se aguanta a sí mismo y tratara de buscar una respuesta no por la conciencia sino por la intención.

El otro es aquel que se da cuenta de la nada en que vive, pero no le interesa y sigue haciendo lo mismo siempre y cuando le produzca placer, cae en lo absurdo y en su vida se hará un hábito que lo conducirá al óbito absoluto de la vida.

Entonces deducimos que no pertenecemos a la existencia, más bien a la nada, al "algo" en donde la nada es la sustancia del existir, ya Santa Teresa decía " soy la nada más el pecado" y que el existir no existe, que la nada existe y caigo en un principio del ser que es la nada y quedo en un vacío que es el no sentido de la vida y este no sentido a la vida empieza a ser el sentido de la misma, la vida no está vacía, el mundo está vacío y la vida está llena de la nada, siendo esta como la fiebre avisando al cuerpo que está enfermo, que está mal, este es el grito de auxilio en la angustia y así lo enajenar luchará por no salir de su vida.

El ser esclavizado por su razón lo tendrá condenado a la contradicción, estará guiado por el conceptualismo y la teoría, lo hará interpretar a su manera los hechos de la vida.

Lo más contradictorio que tiene el hombre es su juicio y su intencionalidad. La intencionalidad hace referencia a algo distinto, ya que pensar es siempre pensar algo, sentir es sentir algo, querer es querer algo, todo esto va fijado a un objeto, pienso en función del otro yo, para que " yo ego" sea o lleve mi algo del otro, habrá que ver qué tipos de intencionalidad tiene el hombre, quizás sea una forma de no ser, aunque ese objeto no exista, o ha de ser que lo único que existe es lo que no existe, porque el " algo" es la nada y todo lo que hagamos para los otros en función nuestra, de nuestro "algo" nos conducirá al absurdo.

La conciencia va relacionada a un objeto, ahora ¿Será acaso que el objeto tiene conciencia de mí y es él el que me utiliza teniendo conciencia de él? Tendré que vivir esclavizado para esto, limitado para ese "algo", para ese objeto.

Por esto la libertad humana es un tipo de esclavitud, no porque tenga que decidir, o porque no me han dado otra oportunidad más que decidir, es por el hecho de no saber decidir y en si la libertad se ha vuelto un motivo de escoger, entre lo bueno y lo malo; y para decidir me debo a la conciencia. Con la con-ciencia necesito tener una naturaleza de las cosas. Partiendo de la intencionalidad de un objeto, entiendo como objeto a una cosa, no creo que el hombre sea una cosa, específicamente este objeto es una forma de engaño de la existencia y de la razón, siendo así que el hombre vive preocupado por este "algo" material y es más hemos convertido en objeto al hombre, tanto es así que la historia del hombre se ha hecho un mito existencialista, aparte de que nos miente lo que nos rodea (objetos) por fuera a lo cual hemos llamado realidad.

A partir del Renacimiento, este nos trajo el racionalismo y la Reforma; el racionalismo humano ha sido un motivo de asesinar al Theos y ponerse el hombre como centro total del mundo, un "antropocentrismo", teniendo que llenarse de conceptos para que la vida tenga sentido.

Poniendo a la razón como un "uso de razón" sin comprender tan claramente si es el pensamiento el que está al servicio de la vida o es la vida la que está al servicio del pensamiento o será que la vida le queda muy grande al hombre y está se ha vuelto en una carga de momentos para lograr un auto inventarse la felicidad y así la vida queda enmarcada en momentos. Vemos ahora que el ser hipotéticamente parece un gran mito, muy bien practicado en la teoría, ya que el ser empieza a ser cuando es nada (algo)

Sabemos que la palabra verdad viene del griego *aletheia= estar patente* y patente significa, manifiesto, visible, está verdad que se ve que existe, porque la verdad no es algo que nos pertenece, como la existencia, o acaso la verdad se la inventa el hombre, tapada de forma muy astuta diciendo que lo hace uno mismo y así justifica su intencionalidad para el “algo” que en fin es para la nada absurda o podrá decir el hombre ¿Qué es el hombre? Es bueno o malo, se dice que es bueno, pero con defectos y se dice que es malo, pero en el fondo es bueno, pues no es ninguna de las dos cosas, no hay dualidad, hay transcendencia, pero ¿Qué fondo se le podrá dar al hombre, si apenas tiene forma? Otra cosa es que se ha llenado de teorías para buscar un fondo en su vida, en síntesis, que puede ser el hombre un conjunto de conceptos paradójicos movidos por su razón a la esclavitud.

Bien veremos ahora que dudar es un principio necesario para la existencia, pero cómo podré dudar si ni siquiera creo en lo que dudo, pues la existencia es simplemente un conjunto de posibilidades empezando desde ser y no ser, pero este ser está enmarcado en un momento histórico que lo conduce a preguntarse, aunque en este tiempo estamos bien esclavizado por el objeto, tal vez no nos preguntamos ¿Por qué? Será para no complicarse la vida, o será que en el fondo asusta descubrir que somos absolutamente nada y de la nada absurda, por eso me uso a mí mismo entregándome al objeto dándole sentido a esté objeto un sentido necesario para poder sobrevivir y ¿Dónde parte este me uso a mí mismo? ¿De la razón? no, en está termina, parte desde la intencionalidad empujada por la esclava libertad humana.

Frente a esta situación para poder llegar a la verdad absoluta no habrá necesidad de la dialéctica, lo que decía Hegel, o sea un camino en la cual la razón es la protagonista para llegar a la verdad. El “Ser” en su verdad está sujeto a su índole, y en está vive de su contradicción, el “Ser en sí” necesita contradecirse, ya que cuando se contradice se niega a ser el mismo. Así lo contradictorio del ser no está en “Ser” sino en no poder dejar de “Ser”.

Dentro del marco teórico, lógico y otras definiciones razonables que se le dé a la verdad, no serán suficientes, ya que la verdad es simplemente inefable, tanto es así que la verdad transciende a la razón, a la lógica y ¿En dónde transciende la verdad? En lo contradictorio y contradecirse es negarse y negarse es dejar de "ser" y dejar de ser es "Ser nada", por esto la búsqueda del intelecto es de la verdad y no de la razón, todo esto conduce al contacto pleno con la verdad que está en la nada y a la nada se llega por medio de la muerte óntica.

La muerte que es el tiempo sin tiempo que presenta la máscara del sufrimiento como algo real antes de ir a la muerte, ¿Qué es real? ¿Sólo el sentir, el dolor y el placer? Ya que existir es menos complicado que dejar de existir, lo real, se podría decir que es aquello que percibo con mis ojos, ya Descartes decía "que lo externo puede engañar", tal vez se acercaría un poco más a lo real, lo que yo soy, pero ¿Qué soy? O ¿Qué somos? Lo que podemos hacer con la razón y pensar con la razón para hacer algo imperfecto y así poderlo hacer esclavo mío, poder dominarlo.

Otro problema de la razón es su omnisciencia y esta no acepta saber que lo conocen al hombre mejor que al mismo, ya que todos tenemos algo de todo, es decir que todo ser humano, sea lo que sea, abogado, músico, etcétera, tenemos algo de todos, incluso de lo negativo, algo de ladrón, etcétera, porque mientras la razón busca tener la razón llega a la destrucción, Job decía: " Que el necio aprenderá a razonar cuando vea a un asno salvaje parir a un hombre" cuantas veces en la historia se ha escuchado con fuerza el grito rebuznador de la razón humana que se ha metido en una conciencia de la razón, bien dice la escritura " que el que acumula ciencia, acumula dolores" o San Pablo: " La ciencia hincha" Hoy el hombre acumula su ciencia y está dando dolores, porque no ha soportado el hombre ser creatura, a deseado ser Dios. La ciencia ha olvidado sus orígenes que es Dios y ha decidido copiar, por eso quieren clonar, no están tranquilos con el animal que llevan por dentro, guardado, que es lo imperfecto, por eso frente a la debilidad ha tenido mucha fuerza la teoría de Nietzsche del "súper hombre" Quieren hacer un monstruo, aunque la ciencia hace rato parió al atraso, la razón muchas veces es caprichosa quiere las cosas al instante, por eso no las entiende, no entran en su esquema.

La fe es la revelación, tiene paciencia para llevar al hombre a la ciencia de Dios, vemos que la peor amenaza del ser es el hombre educado por la pluma del ego, vive anestesiado con su oblicua verdad, ya que nos educan para ser avaros, el resto es retórica, surgen ideologías que son como niños, quieren manipular a los demás.

Todos hemos reaccionado frente a lo que somos, hoy la verdad humana es como una droga, la primera vez que degusta uno de sus razonamientos ya no puede salir de ellos y queda atrapado en lo que llamo anemia, anemia de la razón, está siempre lleva a un fin que es el sentido de la justicia, por eso aparecemos pálidos y decaídos ante la realidad y es que el hombre no puede darse su justicia sin perdón.

La temática de la existencia es asfixiante, el un tipo de nada demuestra que la verdad humana es un hecho ausente, en esta verdad se da la hermenéutica, cada quién interpreta como le da la gana y es ausente porque cómo se conciben los hechos, estos saben estar ausentes en la realidad, el inicio de la razón está en el drama que viene del griego *drao*= que significa "actuar" y como decían: "En el verdadero drama todos tienen la razón" es así como muchos actuamos y no somos.

Lejos de dar conclusiones apriori *o post a priori* hay un elemento que es la libertad humana que contiene su propia represión, su propia falta de libertad, en esta falta de libertad el hombre regresa al estado animal, por esto la libertad humana individual no es un bien cultural absoluto, lo es, pero no absoluto. Esta libertad es la posibilidad, incluso la necesidad de ir más allá de cada situación, lo único posible es la sindéresis.

La libertad dada a la existencia de negarla porque frente a las posibilidades del hombre ella misma es negatividad, limitación y extrañamiento, por esto la libertad es el resultado de una esclavitud, no necesita proporción, ni merece ser enterrada en la cordura, tiene que ser infinita, tiene que liberarse de su propia libertad humana.

El hombre muchas veces es esclavo porque idealiza y muy mal materializa su libertad, digo esto porque la naturaleza es libre y esta gusta de ocultarse, lo que llama el mundo oculto, el *sopón.* San Bernardo Abab decía:" Tal es la sabiduría que ha de ser extraída de lo oculto" y sigue: "Procura no comerla en exceso, no sea que harto de ella vomites" o a lo mejor se extrae del fondo como Demócrito que la verdad había que sacarla de un pozo, todo esto parte de que la verdad sea encontrada en la nada absoluta.

Quiero mostrar mis dos temas en este ensayo partiendo de la tesis de Hegel sobre la nada:

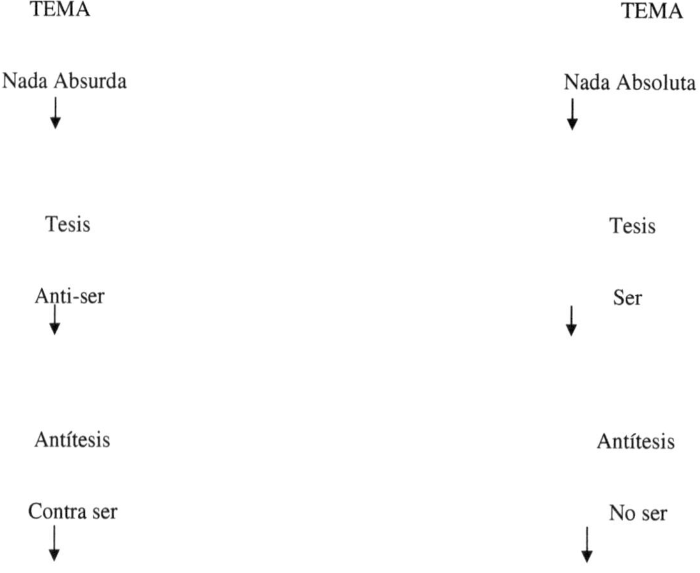

Síntesis

Muerte ontológica

Síntesis

Vivir=Eternidad

JESUCRISTO

El problema del ser no es el "Dasein" (ser ahí) es decir "Existir consiste en su existencia" Heidegger, el problema está en dejar de existir, por eso busco una realización existencial en la razón humana, se entiende que estar en el mundo como algo activo, cuando estoy enfermo, postrado en una cama ¿estoy como nada?, ¿Podrá existir la nada como ser capaz de hacer enfrentar la conciencia con la personalidad, la verdad con la existencia?

La nada absoluta hace experimentar una insatisfacción ante la historia, por eso se necesita razonar verdades y su naturaleza le hace expresar su forma de tener "que ser", no como "ser", sino como un "anti-ser", Santo Tomás de Aquino decía: "Una forma de inmortalidad personal es la que el hombre tiene que permanecer en su modo de ser"

Es más los argumentos de los académicos que dicen: "¿Y si te engañas? Pues si me engaño soy, pues el que no existe, en verdad, ni engañarse puede, y esto existo si me engaño y puesto que existo si me engaño ¿cómo puedo engañarme acerca de que existo cuando es cierto que existo si me engaño? Y, por tanto, como yo, el engañado, existiría, aunque me engañara, sin duda no me engaño al conocer que existo" Esto demuestra un principio de que existimos porque Dios existe, pero no por puro empirismo, sino porque funda Dios su principio en que él tiene en sí mismo su razón de ser.

Pero ¿qué hace que las cosas dejen de ser?... La nada, toda Filosofía sufre de no reconocer su trauma frente a esta ausencia, en sí el "algo" que no es el punto de partida, sino que es lo oculto del *sopón* en el hombre, esta oscuridad que no necesita de claridad, porque toda idea que es clara no es idea, ya que toda oscuridad desprende una luz que se llama: verdad del conocimiento ya que no se aprende lo que se conoce, se lo almacena, lo que se crea es lo que realmente se conoce.

El Ser del Sufrimiento

El hombre encuentra su mismisidad, se ve a sí mismo en el sufrimiento, que está descubierto, que no puede, incluso aparece su soledad, se ve solo, único en su tragedia e irrepetible, inútil hasta el esfuerzo, el dolor lo hace verse hacia adentro, pero ¿Qué encuentra?, el hecho de pensar que el otro es mi adversario o un "ladrón" en palabras de Sartre; que se entromete en mi vida, en que parece invadiendo mi ser con su mirada, esa mirada del otro, me hace ser su objeto, cuando el otro proyecta mi mirada en mi ser, la distancia me la impone la libertad , pues en el fondo todos deseamos ser vistos, ser deseados aunque sea como objeto, estamos en esté "aquí" muchas veces para llamar la atención del otro, nuestra presencia -la que usamos en libertad- la imponemos en este mundo para mover la "presencia del otro" pues para que el otro sea ladrón tiene que tener una necesidad existencial en el que su ser desconfigurado por su absurdo le mueve su envidia o sea su vacuidad, el desear imponer su presencia en la mirada del ser, sólo se ve al otro como "ser-ser-persona" en el sufrir, sin necesidad de imponer su presencia como ego "yo soy" el sufrimiento nos libra de cualquier propiedad, incluso del "ser-ser"

El obrar se centra en no tener que hacer, al no saber qué hacer, obro en virtud de mi debilidad, por eso una obra muerta es la manifestación de mi confusión hecha crisis al ser absorbida en el "no saber sufrir" por eso no soy libre porque soy esclavo de mí, al querer ser libre, antepongo mi interés en ser, la misma libertad está en ceder la libertad sin situarme en este mundo como alienación, me puedo alienar en mí mismo, en el estado factum de "desear" como sentimiento.

Obrar es algo indeterminado en el "ser", el obrar nos obliga a existir, condenados a escoger, está nos es impuesta por la existencia, al adquirir una enfermedad concreta, con síntomas, achaques, etcétera, está nos invade, nos hunde en el obrar sin voluntad, ya que obrar es sufrir. Sumergidos en nuestra incapacidad de vernos limitados donde el obrar aparece como algo inmanente, sino queremos obrar, obramos la "nada", al ser indiferentes obramos la indiferencia, no por méritos propios, mas sí por ajenos, así que en ese obrar nos volvemos sedentarios existencialistas al aparecer el sufrimiento como manifestación del rechazo a uno mismo y a nuestra propia muerte, nos volvemos meros hacedores del obrar sin conciencia, lo que nos invade nos sobrepasa y lo que nos sobrepasa nos aplasta.

El obrar es imposible y es imposible por ser obrar, para llenar un vacío inabarcable llamado "ausencia" ¿ausencia de qué? El obrar da hechos con consecuencias que nos hacen seres históricos, el obrar lleva la carga de la intención, pero al tener un sufrimiento éste se vuelve la misma carga que marca nuestro "obrar-existir" al no aceptar el sufrimiento obramos sin transcender en ese obrar, no por méritos, ya que todo mérito es una calumnia en la que el ser se ha apropiado para explotar, es ese obrar por modelos de causalidad.

Al obrar hago algo, al "hacer algo" lo tomo, al tomarlo le quito algo de él haciéndolo mío, pierde su existencia quitándosela al tomarla (no su autonomía) ese ceder que al objeto que es obrar por naturalidad, al coexistir con lo que nos rodea en esa profundidad que tratamos al experimentar el sufrimiento como un obrar como carga, donde uno "puede experimentarse a sí mismo como una libertad traslúcida" como decía Simone de Bouvier

Pero nos topamos con lo real, se ha dicho que los objetos sensibles toman de él las formas o ideas que les dieron origen como decía Aristóteles: "Reciben su nombre"

¿Lo real también perece al caer en nuestras representaciones perceptivas? ¿Lo real se estanca al tomar la forma de "obrar"? realidad-res=cosa

Ese sufrir que no es esencia, ni nominalismo, sino praxis existencial, donde la realidad se disfraza de exageración, al representarnos todo acontecimiento como causalidad y casualidad.

La existencia como la insatisfacción de un "yo" esa insatisfacción que nos hace sentir incompletos, usamos el recurso de la alienación y alienamos nuestro existir hacia la cosa, ahí aparece el engaño como una realidad vacía, pero sin espacio inabarcable.

El otro es "yo" para mi "yo" que se proyecta en un "Tú" para mí, cuando se limita al otro proyectando lo que es en mi razón, o sea al emitir un veredicto desde mi juzgado, que es la razón, condiciono al ser a sufrir, es cuando se hace daño al otro, diciendo él es esto para mí, la razón queda condicionada por mi propia verdad, que es una evidencia falsa, proyecto en el otro una representación de lo que quiero que sea, es la forma de alienar al tiempo llenando ese espacio vacío creado en mí y cuando no cumple los requerimientos impuestos por mi razón quedo decepcionado en mi intencionalidad.

El sufrimiento nace del pensamiento hecho razón, es donde el hombre no puede disfrutar su propia muerte como descanso, ¿El sufrimiento es o no es una "*qualitas occulta*"? De ahí que existir es sufrir con dolor curado, el ser muchas veces carece de voluntad para estar en "malas" como se dice vulgarmente, la contradicción de la muerte cura al olvido y al recuerdo. Hemos hecho del sufrimiento un absurdo que corrompe nuestra percepción, de ahí que no acepten lo platónicos las ideas como dolor y sufrimiento.

Cuando estamos por encima de los demás perdemos nuestra propia relación en la libertad. El arrepentimiento nos hace propietarios de la culpa, es culpa reconocida, el no penetrar en el arrepentimiento es permanecer en el acto como esclavo, no se puede aceptar a la culpa sin arrepentimiento, el arrepentimiento es el dolor sin culpa, el arrepentimiento ayuda a sufrir con sentido, ahí donde uno conoce su propio misterio, sale a luz su propio "ser-sufriente"

No hay "Ser-Ser" sin sufrimiento, el enemigo más racional que tiene la razón es el sufrimiento y la muerte, somos el "Ser aletheia" (patentes) razonables, sólo cuando aparecen, pero impenetrables en la razón por no ser curados por el pneuma, solo se quedan en el "ser-sin ser" el sufrimiento nos pone ante un abismo que va más allá de la contradicción, el arrepentimiento es un reconocerse en la culpa; el hombre existiendo se ausentado en las heridas del hedonismo de sus enfermizos razonamientos que lo han alienado en la materia.

Las obras están más allá de mis intenciones, en su repercusión cósmica ¿Cuál es el alcance que pueden tener mis actos? Todo hombre se levanta contra Dios, lo que le da la certeza que existe porque el modelo que sigue, aquél que se rebela es el de ser como Él. El Dasein, la existencia es en esencia sufrir, entender mi propia existencia es sufrir, sufrir es aceptar mi libertad en mis limitaciones. La oscuridad nos revela muchas veces el misterio de la luz.

El Ser implica el sufrir, sacar el "sufrir" es sacar el ser de mí mismo, el ser es "ser" en sufrir y se realiza en el a priori de mí ser y se manifiesta en el sufrir. Si el sufrir no cura, no sirve sufrir, es decir si no logra concientizar se sufre sin sufrir.

El ser se realiza en la contradicción del sufrimiento que es no ser, soy ese "no ser" cuando tengo esa incapacidad de reconocer mi propio ser, no en las cosas, sino en no aceptar mi propio ser en la contradicción del sufrir, por eso el ser se desconfigura en nuestro propio engaño al vivir centrados para llenar nuestro propio ser. Toda negación es negar lo individual del ser "para sí" este negarse es la contradicción de la existencia como cruz para lograr salir del sí mismo, es esa "mismisidad" la que nos hace sufrir sin sentido, el sufrimiento erradica el "yo" hacia el exilio del "tú" el continuo éxodo existencial es un sufrimiento, hoy la gente lo evita porque está instalado e estático en su soledad.

Como el hombre no puede ceder, por eso sufre, se llena de *"sinut"* en hebreo odio, pero ¿Qué es lo que no lo deja ceder? Su lógica mal intencionada convertida en odio y enmascarada en una hipócrita educación, en el que piensa que Dios es una proyección de su mente, el hombre no pierde la fe por el sufrimiento en sí, la pierde por el escándalo que le produce. La grandeza del hombre está en aceptar su propia miseria, pero no lo hace la tapa la inteligencia, reviste su debilidad y de ese engaño momentáneo vive.

El tiempo histórico es cuando no nos damos cuenta de nuestro tiempo. El sufrimiento es el encierro que nos abre a la luz de nuestra debilidad, está escondida en el "desocultamiento" de la verdad, la verdad no como idea o como pensar de nuestro pensamiento, sino como ser creador que nos presenta el sufrimiento como parte propia de la libertad sin la nada, la nada es lo "existenciario" de la existencia, el inconsciente de la verdad que le permite conocerse al ser desde su inconsciente en el dolor.

La existencia viéndose rechazada por la autodeterminación del hombre por "ser" encuentra la alienación en las cosas, de ahí su obsesión por conocer el ser de las cosas, la existencia nos ve en nuestros hechos, el impacto que ha producido es tal que nos vemos como echados en ella como si fuera una telaraña.

No se sabe lo que se quiere porque no nos conocemos y ¿por qué? ¿Cómo sabemos que Dios nos conoce? Porque nos dejamos conocer por Él abriendo nuestra vida que es tenerla oculta en Cristo, o sea abrirla en los demás, aunque consigamos lo que queramos nos consumirá el deseo, el sufrimiento consiste en no saber lo que se quiere, consiga lo que consiga nos comprimirá el deseo en el placer, de ahí que toda ideología es una expresión traumática, una respuesta sin contestar al sufrimiento, el pensar me piensa sufriendo e inconscientemente, creo desde mi autodefensa un mecanismo para evitar todo sufrimiento, ya sea con sentido o sin sentido.

El sufrimiento es la inercia en que gravita nuestra nada, el sufrimiento es como un átomo, un átomo divino que muchas veces Dios lo bombardea con la libertad en nuestras realidades que están sujetas a un proceso teleológico, es decir para un fin. Estamos llamados a servir en la libertad del sufrimiento como reconciliación y encuentro con Dios

El sufrimiento como dolor existe y se da en sí y para sí en espacio y tiempo, pero hablamos también del sufrimiento de conocer el ser en sí en su no "dejarse ver" conocerle en su fuero interno sacando cada pliegue de su esencia y el sufrimiento tiene esta capacidad, al ser no se le puede conocer como objeto, sino se purifica "al que ve" Hegel dice: "El pensamiento hace sufrir al objeto apropiándose de él", uno pierde la noción si evita el sufrimiento, hay que meterse en el círculo de él para llegar a la verdad.

El sufrir hace entrar en este círculo de la posibilidad, existir es estar como cosas, es tener esta posibilidad incrustada en la certeza de que existo como un ser para sí, no para mí, esta para sí se delata hacia los demás en el entorno de vivir que es sufrir, el sufrir es el movimiento del ser, ahí se escruta y se descubre así mismo en ese espacio, toda contradicción existencial causa dolor, el sufrimiento es la verdad del ser como realidad. ¿El "yo sufro" se puede apropiar del objeto? ¿Se puede aprehender el sufrimiento en el tiempo y en el espacio o se aprehende el mismo absorbiéndose en el ser del ente del hombre? ¿Somos una eterna insatisfacción? Ya que el dolor es producto de nuestra frustración, pero no por una aspiración "en si" dentro del ser está el sufrir como el que muele el trigo para producir pan blanco.

El sufrimiento es un acto del ser, es la respuesta a su estado de ser, al no aceptarlo la consecuencia es el dolor, el arte es la cicatriz del dolor plasmado, pero curado y sanado, al ser acrisolado por el sufrir, al aceptarlo es el dejarse crear por Dios. El hombre ha cogido a la libertad, la ha cercado de razón y ahí la esclavizado en sofismas progresistas y lógicas, por eso todo tiene una justificación amparado en el estado, la eutanasia, el aborto, son respuestas al rechazo que el ser lleva adentro, el engaño no le permite tener miedo y se ha instalado en su bienestar, permanecer en la historia sin saber de ella.

Este ser de la existencia es el sufrir, el nuevo mecanismo es razonar sin libertad, prisionera de la influencia y su pensamiento purificado por el sufrir, el sufrimiento es el inequívoco de la existencia reflejado en la realidad, la totalidad lleva a la verdad.

El sufrimiento es la parte más anatómica de nuestra existencia, es la prueba de la libertad, es el escenario donde desciende nuestras debilidades al encuentro del amor de Dios, reconciliándonos con su ser, pues el sufrimiento sin sentido nace de nuestro "querer ser" "ser para tener" al poseer el ser ya no espera nada, es la caída precipitada de sus miedos, al tener miedo el ser, éste ser se esconde en las cosas, se busca a sí mismo, busca su situación caída, el golpe existencial, crea un trauma cosmológico que lleva al ser sin sentido, el sentido profundo de la contingencia, nuestra conciencia escarba lo insondable del ser; y es que el sufrimiento reafirma la existencia del ser en cuanto es, como existencia probada que espera dejarse encontrar cuando el "ser-sufrimiento" nos pregunta ¿Dónde estamos? Se produce un estallido existencial que sabe lo que soy, aunque está invadido y bombardeado por las circunstancias inexorables que usa la existencia como respuesta a nuestro "sufrimiento-sin ser" de ahí lo que decía Sartre:" El ser es otro en mí, el hombre… no es él mismo sino por el ser que no es él" es que nunca será en él cuando es el amor de Dios quien se lo da gratuitamente.

El sin sentido del sufrimiento es lo que le da el sentido a lo absurdo convenciendo al hombre de su razón de ser sin Dios y esto es lo que lo tiene embrutecido en sus razonamientos, no ver más allá de sus cálculos, eliminar a Dios porque el diálogo de la existencia oscurece sus raíces de que somos débiles y no receptos a sufrir constantemente, el hombre es libre cuando encuentra su propia aceptación en el sufrimiento como necesidad de completar sus ser, no en sus fuerzas, sino en sus limitaciones.

Los límites nos ponen frente a la libertad y no está sujeta a ningún cálculo, es como ladrón por la noche y hay que estar preparados, el sufrimiento nos prepara sacándonos de nuestros propios límites fijados en nuestros pobres razonamientos, por eso Dios está por encima de ellos. La realidad es el mejor engaño para convencernos de que no existe Dios y ese engaño nos hace sufrir sin sentido.

La inutilidad es como nos contempla el sufrimiento, el sufrimiento produce la "cosidad" del contacto con lo desconocido, es la otra cosa ¿Se puede meter la cosa en nuestra conciencia o sólo la atrapa en la percepción, o es el velo contra el sufrir? ¿Vivir es ser cosa?

El sufrimiento es la materia hecha cosa de la espera que espera lo inesperado ¿Qué es lo inesperado?

El origen del sufrimiento está en la no aceptación de la debilidad como obra, ese hecho perturba al ser hasta llevarlo al límite del pecado, el origen en su principio marca la pauta de ese rechazo en la forma de vivir, en la norma que hemos establecido, donde la percepción ha quedado resentida y herida en su profunda esencia, es ahí donde nace el relativismo, donde lo malo es bueno y lo bueno es malo, nada tiene sentido si el ser no se lo da, engañamos al ser con esa postura y es ahí donde aparece la espiral de la muerte que se inserta en el hombre, el manifiesto de una historia personal rechazada es el origen del sufrimiento de la historia en hechos, ahí se refleja en las obras, después de esto todo es permitido y razonable.

Quizás el sufrimiento sea el único atributo que pertenece y no pertenece al mismo sujeto, aquí estamos rompiendo todo el sistema de Aristóteles, aquí el sufrimiento se convierte en un concepto hecho verdad, real que no se puede explicar, pues el límite lo pone Dios a través del sufrimiento.

Así el sufrimiento nos abre las puertas del alma hacia adentro, aquí la Fenomenología del ser queda insertada en lo invisible. El sufrimiento es el conocimiento del ser, pero al mismo tiempo es el desconocimiento, por desconocimiento se entiende resistencia, nos resistimos al mismo por nuestro estado burgués, ese estado de no sufrir es lo que nos conduce a no ser felices, sólo es feliz el que cede ante su razón como única verdad, ese tipo de positivismo que contamina nuestra intuición y percepción, opone resistencia a la nada absurda al verse descubierta, aquí se produce una implosión del ser. El hombre conoce a la nada en forma de intuición, establece su existencia ya no en la cosa en sí, sino en Dios o en su propio rechazo.

Perder el ser es quitarle el sentido a las cosas, se sigue viviendo, pero no es el ser el que nos mueve, es la angustia, es estar encerrados pero sin libertad, prefiere estar seguro en su angustia antes que dejar su encierro que lo abandonaría al "caos de la libertad" el hombre tiene miedo a ser libre, por eso hace lo que le da la gana, ser libre implica no "imponer nuestra voluntad" y no nos apropiamos de la existencia, sólo el sufrimiento nos despoja de nosotros mismos, nos hace libres y nos da voluntad del otro... la de Dios.

La voluntad es el lenguaje del ser que expresa nuestra condición de débiles, seres condenados a perecer en la muerte y la razón se ha convertido en la justificación de nuestra angustia, hemos pensado que la existencia es pensar, por eso el sufrimiento lo ha confundido y lo ha conducido a la crisis, ese es el negocio de la "astuta razón" de Hegel y todo esto al hacer un tipo de Filosofía en la que aísla a la misma razón y se le da autonomía.

El sufrimiento no es incomprensible en su esencia, pero si en su percepción, no se lo puede comprender porque él nos comprende en el sufrir, no se lo puede examinar porque él nos examina escrutando nuestro ser, sólo se lo puede contemplar en el dolor, una vez aceptado el dolor aparece el amor ya no en escoger, sino en aceptar.

Cuando el sufrimiento lo proyecto en el otro queriendo "ser" más allá del "ser", donde yo soy nada y el otro un espacio sin tiempo que no existe, sólo como contingente, está fuera de mí porque no hay dentro nada de mí, mi interioridad me la ha impuesto al querer conocer el objeto en sí y para sí, entonces desconozco al ser humano, porque mi esencia es una ausencia que ha sufrido al no aceptar el sufrimiento a priori, donde no lo conozco y no me reconozco en el no como estructura, sino como organismo que se instala en mi espíritu.

El hombre sondeado por el "ser sufrimiento" experimenta la pérdida de su inalienable sustancia concreta llamada "Existir", existe en un sueño del que quiere despertar al morir, al proyectar el objeto deseado, ese deseo se ha vuelto un error que ha concluido en una expansiva cósmica, convirtiendo a la nada absurda en un inabarcable sufrimiento

llamado... crisis, donde el otro ya no es un yo, sino un mero objeto sin consideración, una utilización de mi infinita insatisfacción por existir, nos convertimos en un bastardo con conciencia ilimitada para asumir nuestra culpa al declarar a los demás sin trascendencia, sólo como restos de un alivio hermenéutico con vicios; vacunados por el progreso actuamos en el mecanismo histórico del devenir sin historia.

La razón ha revestido a la existencia de un principio alienante al imponerse por la fuerza de la lógica y ha engañado al hombre en sus sufrimientos dándole anhelos de superación superficiales que escondan al abismo del sufrir, cuando se llega a ese estado se lo margina en un estado de lo absurdo, de eliminarlo a través de un culpable, éste culpable es la imposibilidad de conocer al ser en su esencia al estar frustrado, castrado, limitado, corre hacia sus defectos como apoyo y elevarlos a virtudes, sufre el ser al sufrir, se ve anulado, intenta imponerse sabiendo que atrás le persigue la sombra de lo absurdo, al no encontrarse cómodo en el sufrimiento, experimenta una agitación existencial, psicológica e histórica. De ahí la frase de Sartre: "Todo objeto como "tal" nos viene impuesto en nuestra existencia."

.

“El hombre confina con la nada y Dios la sostiene” Guardini

El reino de la necesidad del que hablaba Marx, aunque no se preocupó enteramente de los problemas filosóficos, sino, más bien a lo que respecta de la sociología y economía, por eso rompió con Hegel al ver que él no bajaba del reino ideal a este reino de necesidad.

Porque cito esto, porque el sufrimiento acarreado, ha llevado a la ciencia a preocuparse por él, por cómo evitarlo y al evitarlo ha creado el sufrimiento moral, en esa busca maratónica del sentirse “completo”; como no podemos ser “seres completos” buscamos en el vacío existencial, ese yo que se instrumentaliza en una careta llamada “estar bien” pero con una realidad que profundiza la muerte ontológica y la vuelve pasión desenfrenada, así llegamos al vicio de buscar la felicidad apartando al sufrir, al no sentirnos completos, solos y angustiados la realidad nos hace experimentar al sufrimiento como un suicidio existencial, el buscar ese “ser completo” es el suicidio existencial que es vivir como unos “sentimentalistas materialistas” vemos que la realidad no nos dice nada y como no nos dice nada la gente tampoco nos dice nada, el otro es un accidente, entonces los debacles económicos nos enfurecen, nos trastornan y sufrimos al perder ese estado de “estar completos” que lo saca a la luz “la nada absurda” a medida que nos individualizamos sin libertad.

La existencia se ha convertido en un conato en que se suplanta el sufrir por el hedonismo, por el apego a la cosa como un dogma que asegure nuestra existencia en el salir del paso del “hoy” por eso los proyectos, de ahí la pregunta: ¿El pensar surge de la preocupación del hombre por el sufrimiento?

Frente a la insatisfacción, el ser es un *aletheia* del sufrir, muestra el origen del sufrir, que está en el querer conocer sin Dios, por eso el sufrimiento sale a partir del desconocimiento, desconocer la cosa en sí es desconocer mi propia existencia, por eso intento justificarla con lo absurdo, el sufrimiento nace también del extravío del ser al hacerse irreconocible al conocimiento y a la ausencia de Dios en el hombre, el extravío como engaño y enfermedad, pues el sufrimiento es extravío mismo, origen del mal, pero no es el mal en sí. El sufrimiento es el ente donde el hombre descarga su fardo de angustias, tristezas, pecados donde la nada absurda y la absoluta se absorben, la existencia se cristaliza en el "ser" y el "ser" pierde su aleación para pasar a una alienación donde la ausencia del ser le hace sufrir.

La Filosofía ha perdido su espíritu al apoyarse ciegamente en la razón y en la lógica, la ciencia frente al engaño de lo demostrado padece, no hay equilibrio, la ciencia frente al engaño de lo demostrado padece, no hay equilibrio, la ciencia frente al sufrimiento palidece, no ha podido enfrentarlo, ni dar una respuesta, todos los descubrimientos son buenos, pero abortados por su inutilidad frente al sufrir, lo que nos deja en la nada existencial, el ser pide existencia, el sufrir le hace consciente del existir, de ahí que el sufrimiento nace del extravió del ser; al hacerse irreconocible al conocimiento y la ausencia de Dios en el hombre, el extravió como engaño y enfermedad, el sufrimiento es extravío mismo, origen del mal, pero no es el mal en sí.

Sufrimiento y conciencia

¿Sufre el que tiene conciencia, pero desconoce su ser?

¿Sufre el que no tiene conciencia por no tener que estar?

Ser libre significa aceptar la debilidad de ser en el sufrimiento y la incapacidad que tenemos al ver la cosa en sí, al ser libre ya no sé es esclavo del sufrimiento, sé es en el tiempo, ese ser transcendente que no huye del sufrimiento.

El sufrir es la posibilidad de lo imposible, es el que penetra al ser en su ser y en la humanidad, éste no es un fin en sí, es el que pone a luz el ser como realidad existente y ontológica.

La existencia se cristaliza en el no ser, el ser se pierde en su aleación para pasar a ser una alienación donde la ausencia del ser le hace sufrir. La razón ha revestido a la existencia de un principio alienante al imponerse por la fuerza de la lógica y ha engañado al hombre en sus sufrimientos dándole anhelos de superación superficiales que escondan al abismo del sufrir, cuando se llega a ese estado se lo margina en un estado de lo absurdo, de eliminarlo a través de un culpable, este culpable es la imposibilidad de conocer al ser en su esencia, al estar frustrado, castrado, limitado, corre hacia sus defectos como apoyo y elevarlos a virtudes, lo que antes era malo ya no es malo, sino que es bueno, el relativismo, sufre el ser a sufrir, se ve anulado, intenta sobreponerse con hidalguía, sabiendo que atrás le persigue la sombra de lo absurdo, al no encontrarse cómodo con el sufrimiento experimenta una agitación existencial, psicológica e histórica.

El conocimiento desconoce su propio conocimiento que es comprender, aunque en relación a los objetos es imposible esto, conocerlo en sí implica otros aspectos, quien ayuda a conocer es la razón y frente al sufrimiento el conocimiento está al borde de la nada, tiembla ante el sufrimiento, no tiene respuesta-sin desmerecer lo que la ciencia ha hecho en pro del hombre- el sufrimiento denuncia a la ciencia sus límites ante el dolor y sólo aparece el ser sin adornos o posturas en la esencia del hombre, por eso el sufrimiento ayuda a comprender al "ser en sí" "para sí" y "para el otro"

Cuando se cree tener la verdad, mejor dicho, cuando se vuelve una obsesión se la pierde y se convierte en confusión ¿Quién puede tenerla? ¿Es tangible o intangible? La verdad no se esconde, ni se tapa, está en el sufrimiento en forma de dolor y amor, parte de ella radica en la precisión de no entenderla, el *emunah*. Más claro está cuando Pilatos le pregunta a Jesús ¿Cuál es la verdad? Y Él no le contesta, sólo le presenta el sufrimiento en su muerte como verdad para ser libre.

Existe una predisposición a la muerte que no es natural producto del rechazo y la no aceptación a la existencia recubierta en forma de escape o huida en las cosas del diario vivir, ya sea estudios, trabajo, afectos, dinero y etcétera.

El sufrimiento se vuelve absurdo cuando se lo evita o se lo intenta tapar con ese tipo de tranquilidad llamada "alienación" el estar alienados nos hace sufrir sin sentido, de ahí que la nada es el "sufrimiento sin ser" y ese sufrimiento nos envuelve en esa angustia de ausencia llamada "destino" del que Kierkergard habla y define de esta manera.

El sufrimiento es esa sombra que refleja nuestra existencia y este "ser sufrir" el que nos mantiene despiertos en este ensueño llamado realidad, no nos deja dormir, nos mantiene en "vigilia existente" en esa expectativa, por eso en el sufrimiento se reabsorbe la razón donde todos la han creído tener la han perdido por hacer desaparecer el sufrimiento, esto confirma a nuestro "ser-ser-existente-ontológico" que existimos sin alienación, dormidos en la razón el "ser-sufrir" nos despierta a la razón curada iluminada por el espíritu *(pneuma)*, si antes dormíamos en la ignorancia, hoy no podemos descansar en la razón al intentar eliminar el "ser" sacando de nuestra vida el "sufrimiento en sí" que quiere decir "en sí" con sentido.

Kierkergard manifestaba: "El objeto de la angustia es la nada, la angustia y la nada son correspondientes entre sí y esa nada es el destino"

El objeto del sufrimiento es la "nada absurda y la absoluta" no son correspondientes entre sí, dividen al ser hasta caer en la angustia y esas dos "nadas" enmascaradas en la angustia y amparadas en el destino es la "prueba" de vivir, de existir, todos somos probados por el sufrimiento, sufrimiento ético y ontológico, la "prueba" es la posibilidad de existir, la "incógnita del sufrir" el sufrimiento hace presente el olvido del ser.

¿Cómo aparece la coseidad del sufrimiento en el ser? A través de la nada absurda que es la que manifiesta la esencia (antes del ser) de la coseidad del existir sin existir, lo que implica un abismo existencial entre el ser y la coseidad conduciéndolo a la "nada absoluta" que es donde se rompe el límite de la libertad dejándolo fuera, porque el ser conoce la coseidad en el sufrimiento; por no conocer la esencia de la coseidad de la existencia el ser se ve frustrado y sufre, todas las cosas vienen al ser como nada, sólo las definimos nominalmente con un nombre o número, pero existir (existeciario) implica sufrir, el *a priori* del sufrir son las dos "nadas" que es el círculo infinito de la estructura del ser llamado "historicismo"

¿Hasta dónde el sufrimiento deja ver la esencia de la "res" del ser?

El sufrimiento se manifiesta en el dolor y la abstracción de él con tintes de misterio, el objeto del ser es el "ser" y sujeto del mismo es el sufrimiento, toda alegría implica tener presente el sufrimiento que purifica y acrisola a ésta.

La cotidianidad es el miedo, ya algo habla San Pablo: "Por el miedo que tenemos a la muerte estamos sometidos de por vida"

El ser de sufrimiento aparece fenomenológicamente en el "ser miedo" lo que le da al ser el ser; ontológicamente es el sufrimiento, "el estar" es un estar sufriendo "en los hechos", en la cotidianidad de la muda existencia.

Cuando el ser no "entra" en el "sufrir-temporal" que es la auto aniquilación de todo concepto, el buscar un "culpable" en la antigüedad era Dios, después la mala suerte, hoy el estado, nunca uno mismo, o nadie es el culpable, ¿De dónde viene el sentimiento de la culpa o hay un concepto de la culpa para llegar al "ser sufrimiento"? porque cuando se rechaza el "sufrir temporal" pierde uno su "ser algo", el sufrimiento es la esencia colateral del ser tanto temporalmente como trascendentalmente y éste se mueve en una dialéctica de la hermenéutica donde la historia se enquista; para que la libertad sea el "algo" existencial del ser por medio del "sufrir-temporal" El ser es sustancia propia del sufrimiento, el misterio de Dios encierra al sufrimiento mismo en el hombre, de ahí que el "yo" del hombre es la nada sin el "yo soy" de Dios, en medio de la fe y la razón está el sufrimiento, la razón es superada por la realidad existencial del sufrimiento donde halla su comunión el cuerpo y la razón.

Constantemente el ser destruye al "ser" por querer "ser". El sufrimiento anuncia la existencia, la profundidad del sufrimiento consiste en la ausencia que causa el olvido del ser, el sufrimiento y la muerte son indescifrables, se toman de la mano y rodean al ser.

El sufrimiento es la expresión corporal y existencial del ser en el espacio y el tiempo que se realiza en el historicismo, tanto es así que el tiempo y el espacio producen en nuestro ser un vacío de equívoco de no estar situados que nos conduce al sufrimiento, el sufrimiento ayuda a redimir al tiempo, quien lo redime en sí es Jesucristo.

El ser se descubre en el sufrimiento en el "desapare-ser" La historia es histórica porque sus hechos se fundan en el sufrir, pues no ser es sufrir sin sentido.

El sufrimiento confunde al hombre, es el tope de la razón donde ella se extravía y queda indefensa. ¿Cuál es el origen del sufrimiento? Su origen está en el olvido del ser, para que el ser exista necesita de la posibilidad de la contradicción, esa posibilidad es el sufrir y su categoría es el dolor.

No se puede conocer la cosa en-sí, lo que muestra una frustración que conlleva al sufrimiento, quizás el primer medio para conocer el ser de las cosas pase por ese sufrimiento, donde el pensar se vuelve en el error y la razón estancada en su lógica no puede penetrar el ser, aunque este dentro del "círculo" al que llamaba Heidegger diciendo: "Que no hay que salir de él, sino entrar en él", el sufrimiento es lo más existencialista que hay y que nos permite tocar lo intangible de la existencia, el sufrimiento es una posibilidad del estado del ser, este sufrir le precede a la angustia de Kierkegaard y al absurdo de los existencialistas modernos-Nietzsche llamaba a las ideas modernas "monos orgullosos"-

La Filosofía siempre ha planteado muchos problemas sobre el origen de las cosas, el origen del pensamiento, el ente, el ser, lo ontológico, las ideas, mas no se han planteado el problema del sufrimiento los existencialistas, se acercaron, el que más lo hizo fue Kierkegaard, Heidegger plantea el problema en el *"Ser y el Tiempo"*, pero el sufrimiento como parte estructural del ser para purificar el conocimiento de la cosa ha sido olvidado, quiero pensar que ha sido aislado por el hecho de no quererse meter en un camino desconocido, Schopenhauer fue el que más se acercó.

La Filosofía llega, avanza en su fiesta del pensar y el pensar sufre al no conocer el ser, ni el conocimiento se explica el por qué la Filosofía ha llegado a su "Kenosis" a su descendimiento conociéndose, el ser se ha convertido en una carga existencial donde nos consumimos consumiéndonos por no aceptar el sufrir, por esta razón es una carga.

El sufrimiento deja al "ser" al "descubierto" en su "simplicidad" ese mismo "ser" es " no ser" lo que conlleva a los dos a la "realidad real" todo conocimiento sufre ontológicamente en su manera de ser frente al "ser sufrir real" expresado en categorías dolor, imposibilidad, inutilidad, muerte, esto es la "desconfiguración del existir" que se desconfigura para "ser-ser" el ser no se deja pensar, "el ser sufre" para penetrar en la "realidad cotidiana" hace falta entrar el "absurdo del existir" saber que existo por eso "soy"

Sufrimiento viene del latín *Suffere* que significa llevar una carga, lo ontológico se percata del ser al sufrir, la razón es el ladrón de la Historia, se ha esperado mucho de ella dejando al hombre débil y sin fuerzas, impidiéndole en sus razonamientos "el sufrir" lo que le ha imposibilitado el "ser libre" la felicidad es posible en la medida que aceptamos el "ser sufrir" "la cura" No buscamos el sufrimiento como un buscar algo especial, viene antes que nosotros. Byron y Chateaubriand vincularon al sufrimiento con la creatividad.

¿El sufrimiento es la única verdad del "ser ahí" por el mero hecho de estar patente, pero la verdad es concordancia con el objeto y si no concuerda con lo demostrado?

El sufrimiento es una ley de la gravedad del devenir en la que queda suspendida la existencia entre el rechazo o la aceptación. Este sufrimiento es el encierro que nos abre a la luz de nuestra debilidad, ella está escondida en el desocultamiento de la verdad, la verdad no como idea, ¿cómo pensar de nuestro pensamiento? Sino como ser creador que nos presenta el sufrimiento como parte propia de la libertad, no hay libertad sin la "nada", la "nada" es el robo existenciario de la existencia, es el inconsciente de la verdad que le permite conocerse al ser desde su inconsciente del dolor.

Un dolor físico puede producir sospechas, pero un dolor moral puede producir miedo, miedo ¿A qué? A la soledad ¿Por qué el estar solo produce eso? ¿Hay que llenar un espacio en la existencia?

La materia es lo tangible de la realidad, esa materia que es una "res" que se utiliza y en su utilidad por el uso perderá su utilidad y se volverá inútil, la materia no puede abarcar al ser, lo puede engañar sedando al dolor, no al sufrimiento, porque la soledad como vacío es la muerte en forma de angustia, le proyecta al ser desde sus miedos.

El conocimiento como ciencia pura es el embrutecimiento de la razón y el reconocimiento sin ser tan puro es el miedo a saberse uno como es.

Todo salto fenomenológico lleva una medida, Kierkegaard intenta explicarlo en el "Concepto de la Angustia" esta medida es el sufrimiento que mide al tiempo del ser temporal, toda angustia conlleva a un sufrimiento, uno sufre en un estado de tiempo que marca una existencia en categorías, nadie es sin sufrimiento, aunque este no sea su objeto, su objeto es la "nada absurda" si en la física la medida de longitud es el metro, la medida de un ser se vitaliza en el sufrimiento, no trato de ser una tautología, aunque Camus llamaba a la muerte " la matemática absoluta"

El sufrimiento es el final del tiempo, el tiempo consciente en que el ser toma consciencia de su existencia, éste le dice que existe, que morirá; el sufrimiento es el verdadero reloj del hombre en su existencia, le cuenta las horas en su quehacer. La forma del sufrimiento como una defensa de mí mismo, es la clave del misterio del hombre trascendente.

En el transcurso de la historia de la Filosofía se ha tratado el tema del sufrimiento como algo existencial, conceptual y dialéctico, el que profundizó un poco fue Schopenhauer en su Metafísica, sí han hecho estudios, pero solamente sociológicos y teológicos, por ahí el budismo, pero erradicando el sufrimiento.

La libertad puede llegar a ser el orden o el desorden en el sufrimiento, esta posibilidad misma es la libertad, la verdad no podrá ser alcanzada por la ciencia, la verdad se deja ver en el sufrimiento, no se lo puede tener como un objeto de nuestra conciencia, sólo tenemos a la realidad que es clara, pero engañosa que es el estado donde descansa el sufrimiento no como horror o terror, mas si como devenir purificador de la existencia, nadie quiere bajar a sus infiernos porque tenemos asco de nosotros mismos, no conocemos nuestro asco, sólo Dios ha bajado, jugamos con nosotros mismos, el sufrimiento crea desde la muerte interior, no de la nada.

¿Por qué el sufrimiento es lo que más se parece a lo real? El sufrimiento es el miedo que nos comunica con el ser, el sufrimiento en sí no es, nos movemos en el error existencial de la lógica como patrimonio fenomenológico, este error que nos permite desde lo ontológico en una ley de los contrarios para devenir en lo contingente, el sufrimiento es producto de una causa, en sí es un efecto, pero su causa se da en el desconocimiento del "ser-ser" que lo que hace sufrir, esas ansias de solo ser, enmascaradas en tener cosas sin conocerlas, es parte de la "nada absurda" Kant definió a la verdad como la unión entre mi conocimiento y los objetos y ¿el espacio que queda en esa "unión" cómo se llama? ¿Qué los une? ¿Se separa al unir un objeto con mi conocimiento?

La ciencia hasta ahora no ha podido sacar del hombre el sufrimiento físico, sólo lo ha engañado, peor el sufrimiento moral, el "ser-ser" queda inmune ante el sufrimiento, aparece el modo del ser, la angustia de la que hablaba Kierkegaard, siempre se ha buscado la verdad en el "ser" de las cosas "en sí" pero no hemos buscado al ser como tal que es incognoscible, aunque Hegel hablé del ser como "sujeto"

Vemos que el sufrimiento no es una cualidad del objeto, es del "ser-ser" per se, de ahí que el "acontecer" es un altibajo dialéctico de la Historia.

El sufrimiento como reconciliador del hombre con su Historia y sanado por Dios, sanado para vivir en la eternidad del perdón, toda negación es negar lo individual del ser para sí, este negarse es la contradicción de la existencia como cruz para lograr salir del sí mismo, es esa mismisidad la que nos hace sufrir sin sentido, el sufrimiento erradica el "yo" hacia el exilio del "tú", el continuo éxodo existencial es un sufrimiento, hoy el hombre lo evita porque está instalado y estático en su identidad.

El ser implica el sufrir, sacar el sufrir es sacar al ser de mí mismo, el ser es "ser" en sufrir se realiza a *priori* de mi ser y se manifiesta en el sufrir, si el sufrir no cura, no sirve sufrir, si no logra el sufrir concientizar. El ser realiza en la contradicción del sufrimiento que es no ser, soy ese no ser cuando tengo esa incapacidad de reconocer mi propio ser, no en las cosas, si no en no aceptar mi propio ser en la contradicción del sufrir, por eso el ser se desconfigura en nuestro propio engaño al vivir centrados para llenar nuestro ser.

El sin sentido del sufrimiento es lo que le da el sentido a lo absurdo convenciendo al hombre de su razón de ser sin Dios y es esto lo que lo tiene embrutecido en sus razonamientos, no ver más allá de sus cálculos, eliminar a Dios porque el diálogo de la existencia oscurece sus raíces de que son débiles, receptos a sufrir constantemente, el hombre es solo libre cuando encuentra su propia aceptación en el sufrimiento, como necesidad de completar sus ser, no es sus fuerzas, sino en sus limitaciones.

El límite, Heidegger en su obra *"El origen de la obra de arte"* define de esta forma la palabra "fijo" "significa rodeado de contorno, dentro de unos límites, tal como se entiende en griego, los límites no cierran todas las puertas, sino que son lo que hacen que resplandezca lo presente mismo en tanto que es traído delante de él mismo. El límite pone en libertad en lo no oculto"

El límite nos pone frente a la libertad y no está sujeta a ningún cálculo, es como ladrón por la noche y hay que estar preparados, el sufrimiento nos prepara sacándonos de nuestros propios límites fijados en nuestros pobres razonamientos, por eso Dios está por encima de ellos. La realidad es el mejor engaño para convencernos de que no existe Dios y ese engaño nos hace sufrir sin sentido.

La inutilidad es como nos contempla el sufrimiento, el sufrimiento produce la cosidad del contacto con lo desconocido, es la otra cosa.

¿Se puede meter la cosa en nuestra conciencia o sólo la atrapa la percepción, o es el velo contra el sufrir? ¿Vivir es ser cosa?

El sufrimiento es la materia hecha cosa de la espera que espera lo inesperado ¿Qué es lo inesperado?

La realidad es algo no resuelto, pues no se pueden cambiar las cosas, la realidad es lo imposible de uno mismo, no se resuelven las cosas con métodos científicos. De ahí que Kant sitúa a la realidad como *realitas* es decir una *res* en referencia a la pregunta ¿Qué es una cosa? Podríamos decir que conocer la realidad es conocer la cosa, pero ¿qué es lo que hace que una cosa sea cosa? "La falsedad consiste en afirmar algo no contenido en el concepto de una cosa" Espinoza

Hay que ver ¿qué es el mundo? Yo soy el mundo en cuanto acepto existenciariamente el sufrir "yo soy en el mundo sufriendo" pues el ser se expresa en el mundo, el sufrir se expresa en lo cotidiano de la cura, cura al "ser"

El estar en el mundo es "suffere" llevar una carga y está se hace ligera en el lenguaje como confesión, aunque muchas veces se dé la confusión, el sufrimiento le da un sentido ontológico al ser y un sentido existencial al ente, el ser "ahí" es "sufrir ahí", el curarse es "su sufrir", el "sufrir ahí" deja un estado abierto al ser, instalados en el "ser para el mundo" se produce el éxtasis de la existencia, uno queda absuelto de lo que se lo oculta en el sin sentido del sufrir.

Sufrir en su sin sentido es privarse de "algo" para ser libre en el todo de la nada, ya no es cuestión de ser uno mismo, sino saber perder algo de sí mismo, la enfermedad física es muestra de la disposición al "ser limitado" esa limitación caracterizada por la "imposibilidad del ser", el sufrimiento es el antes, el "no" del "no ser" a la muerte.

El grado del sufrimiento se mide por el ser "ser" y el "ser" se me da por el grado de sufrir, este sufrir extirpa el grado de seguridad que poseemos, fiados en la "razón sin purificar" y en las cosas, el sufrir no se inmola en la necesidad, es el medio para amar.

La muerte es la falsedad que afirma el inequívoco del concepto del sufrimiento expresado en la incapacidad de engañarnos para conocer la verdad, esa falsedad nos conduce a aborrecer el sufrir en sí, cosa que obstruye a la verdad en su falsedad, el sufrimiento per se es inhumano, pero nos hace seres existenciarios, limitados y el tiempo es absorbido en el sufrimiento en el sin sentido.

No hay "ser-ser" sin sufrimiento el enemigo más racional que tiene la razón es el sufrimiento y la muerte, por eso el *emunah* es impenetrable y cuando aparece lo razonable la razón se vuelve cíclica y confusa, sólo se cura por el *pneuma* y si la razón no se deja sanar este queda fuera en el "ser-sin-ser" el sufrimiento nos pone ante un abismo que va más allá de la contradicción. El yo comienza en el sufrimiento, el ser termina al empezar su silencio, como calla el ser ante los hechos y necesita esperar.

El sufrimiento es el lenguaje de nuestra inconsciencia que no entendemos, que no se explica, al que tratamos de bajar a "nosotros mismos" independientes de todo objeto ¿Por qué el conocimiento sufre al no conocer la cosa en sí presentado en la voluntad? Porque conozco a la voluntad al aceptar el "ser del sufrimiento" en donde descansa la cosa en sí, no como mera representación de una idea, ¿conozco lo imposible?, es este imposible lo que nos hace vivir en el absurdo como postura de una existencia a priori, lo imposible está en aceptar mi voluntad que se representa en el mundo.

Encontramos nuestro ser en ese vacío del sufrimiento en forma de conciencia, ese ser olvidado por la representación de la voluntad sin la necesidad de entenderse a sí mismo que es perder la razón, frente a nuestro ser hay que ceder, que lo único imposible es buscar una causa objetiva de nuestra perdición en la cosa en sí, nos volvemos vulnerables a la profundidad de nuestras ideas.

No somos una idea, cuando conozco algo deja de ser conocido, entonces, ¿qué conozco? ¿lo desconocido? Si "el arrepentimiento es el dolor del conocimiento" según

Schopenhauer, el verdadero conocimiento está en amar sin conocer según los esquemas de nuestra sin razón, donde queremos sacar el sufrimiento como un mal.

Según Schopenhauer no existe para la voluntad una realización duradera que satisfaga para siempre su aspiración, esa insatisfacción, la cosa en sí está en el ser como algo inexplicable, en forma de sufrimiento, no sólo de voluntad, el sufrimiento entra por medio de mi ser en la voluntad expresando la necesidad de ser y ser es conocer la cosa en sí, volvemos al principio, al no conocer la cosa en sí sufrimos, esa insatisfacción es querer algo, pero no se sabe qué es ese algo.

Con Adán se les puso precio a las cosas, bajaron a la vulgaridad de perecer, toda necesidad de ser es un llamado a la nada existencial, a la angustia temporal.

El sufrimiento como carga existencial sin Dios crea en el hombre un sin sentido, ese sinsentido destruye su naturaleza y aparece el "resentimiento", el resentimiento con el que intentamos justificar a través de la razón, la falta de perdón como don ha hecho inútil todo intento de humanidad o el pseudo-perdón llamado perdón sin olvido que es una caricatura del perdón ¿Qué es el hombre en el sufrimiento? Un ser que busca en el velo de la ciencia y de la razón esconder su inutilidad y debilidad, si no se sana el interior del "ser-ser" desde el sufrimiento teniendo presente el amor de Dios, el hombre buscará su justicia, justicia que intentará justificar sus resentimientos.

Es el sufrimiento un entendimiento sin entender, la gente sufre; y sufre en su tiempo-espacio-histórico en la que sustenta su "ser" ser para alguien, el intento continuo por ser alguien sin Dios o como decía Camus en su obra "La Peste" "como ser santo sin Dios" hoy la sociedad que es una manifestación desde el interior, desde la profundidad de una sociedad interna que lleva a reproducir una realidad muchas veces de resentimiento creando un estado de justicia sin justicia.

El hombre es un continuo éxodo, salir de uno mismo hacía su propio desierto para poder llegar al desierto del otro, es ese desierto en la que uno busca de forma desesperada encontrar una respuesta a su aridez de no entender su situación concreta de soledad.

El sufrimiento desde la angustia busca darle al ser su "ser tiempo" La razón es razón curada cuando acepta la verdad del sufrimiento desde la cruz; la verdad se realiza sufriéndose, el sufrimiento le otorga esa posibilidad penetrando la voluntad al cederle al otro en el sufrir, suprimo mi verdad en el obrar por el otro, no como cosa, sino como "la relación" de mi ser, sólo conozco como soy conocido al sufrir en el sentido existencial de mi ceder, si todo conocimiento es conocimiento del ser, el sufrir lo suprime al realizarlo en la vivencia ¿Cómo se lo vive? Vivir es el estar del "ser" en el sufrir como patrimonio ontológico, no como materialismo exigente, ni idealismo utópico, pues el sufrir muestra la parte fenomenológica del misterio, el sufrir es un misterio que se esconde en el hombre, si vemos a grandes rasgos, la historia es la historia del sufrir por ser y no del "sufrir-ser", lo cierto es que en el centro de la historia de la que es Cristo resucitado de la muerte.

El ser muestra su inutilidad al sufrir, al hacer conciencia de su sufrimiento, volver su mirada sobre sí mismo, volver a su "mundo" como representación de esa insatisfacción al querer tener un ser "en sí" y "para sí" al volcarnos a la "cosa en sí" ha aparecido el sufrimiento existencial como un respuesta sin pregunta, la cosa ha silenciado a nuestra conciencia, la abstraído en su forma, para dejarnos representaciones en nuestra percepción que es la insatisfacción del conocimiento como hecho concreto y real.

Por eso la fábula de Adán y Eva tiene muy poco de fábula, ellos también han querido conocer la cosa en sí, cuando han intentado conocerla se han vistos desnudos, podríamos hablar de una apercepción, pero el fondo es que buscamos el conocimiento en la cosa en sí o para sí y ¿Quién nos conoce a nosotros? La conciencia en qué punto se vuelve en conocer su propio ser, podríamos decir que eso es función de la Antropología, lo cierto es que frente al sufrimiento la conciencia deja de percibir como representación y aparece lo real, nuestra muerte, pues el ser hasta ahora ha intentado descender sobre la cosa y no sobre él mismo, por eso el sufrimiento es la expresión de nuestra conciencia que se hace cosa en la culpa, es cuando aparece la conciencia de nuestro pecado en la ambición de fijarnos en la cosa como posición de nuestra perdición, por eso nos perdemos en la Historia, nuestra Historia de sufrimiento (Auswichz) para sí es la Historia de "ser" para "no ser"

El ser se ha alienado en la cosa saltándose el sufrimiento al percibir la realidad como "algo" real desde nuestra subjetividad; la percepción sin pneuma, es como un ciego que sólo recuerda las cosas, tiene una idea de las cosas, pero no ve su propia existencia, vive fuera de sí, no dentro de sí, pues para vivir dentro de sí hay que estar fuera de sí mismo, permanecer es estar ausente, el sufrimiento nos hace existir, el romper la lógica de Dios que es el amor, hemos inventado nuestra lógica, hemos caído en la conciencia sin Historia pero, con lógica y el sufrimiento le libra de ese mal al insertar a la conciencia en la realidad. Cuando se le escapa al ser de las manos todo método, no intento caer en el irracionalismo de Kierkegaard, por eso la cosa no se la puede conocer, sólo reconocer desde nuestro sufrimiento como una posibilidad, de ahí el sufrimiento como sinónimo de angustia.

La razón del sufrimiento ¿A qué se enfrenta? ¿Existe o no existe?

Según Kant: "La ciencia (crítica y metódicamente dirigida) es la puerta estrecha que conduce a la doctrina de la sabiduría"

Hemos desconocido al ser en nosotros y lo hemos transportado en el conocimiento a la cosa ¿Qué lo hace volver sobre él hacia nosotros? El sufrimiento, y no me digan que para que algo sea transportado tiene que estar primero en nosotros, el problema no es si está o no está, es que no lo reconocemos, el sufrimiento es lo primero que se quiere eliminar, no intento hacer una apología del sufrir, intento explicar, reflexionar y comprender la parte tangible del ser que se descubre en el sufrir, así que no intento que el hombre se convierta en fanático masoquista, sólo comprender, ¿Qué es comprender?

Según Arent Hannah (p, 8): "La comprensión, sin embargo, no significa negar la afrenta, deducir de precedentes lo que no los tiene o explicar fenómenos por analogías y generalidades tales que ya no se sientan ni el impacto de la realidad ni el choque de la experiencia. Significa, más bien, examinar y soportar conscientemente el fardo que los acontecimientos han colocado sobre nosotros —ni negar su existencia ni someterse mansamente a su peso como si todo lo que realmente ha sucedido no pudiera haber sucedido de otra manera—. La comprensión, en suma, es un enfrentamiento impremeditado, atento y resistente, con la realidad —cualquiera que sea o pudiera haber sido ésta."

El comprender engendra la lucha con la misma realidad, el llevar ese fardo del que habla Hannah es el sufrir como existencia concreta, ya que el sufrir no nos deja que nos acostumbremos, ya Heidegger decía que: "Nunca nos sale al encuentro lo próximo, sólo lo acostumbrado."

¿Somos una eterna insatisfacción? Ya que el dolor es producto de nuestra no aceptación de la frustración, pero no por una aspiración "en sí" Dentro del ser está el sufrir como el que muele el trigo para producir un pan blanco. El sufrimiento nace del pensamiento hecho razón, es donde el hombre disfruta de su propia muerte en forma de un engaño llamado: hedonismo de ahí la pregunta: ¿El sufrimiento eso no es una *qualitas occulta*? ¿La voluntad no es una carga? Partiendo del concepto etimológico de la palabra sufrimiento= *suffere*= llevar una carga o ¿el mundo tiene voluntad propia?

Existir significa sufrir con dolor curado, el ser carece de voluntad para estar en las "malas" como se dice vulgarmente, hemos hecho del sufrimiento un absurdo que corrompe nuestra percepción, de ahí que no acepten los platónicos las ideas como dolor y sufrimiento; muchas veces el arte es la cicatriz del dolor plasmado, pero curado y sanado al ser acrisolado por el sufrir.

El sufrimiento es una apertura del hombre hacia sí mismo que lo hace enfrentarse a sí mismo desde lo que es ¿Qué es el hombre? Uno que intenta escapar del sufrir, busca el sentido de las cosas en el sin sentir, ya que está lleno de preguntas que sin necesidad de manifestarlas con palabras la expresa de forma inconsciente en sus hechos; el ser que está enfrentado constantemente a la oposición, a la resistencia que la expresa su propia negación, si el ser no ha curado su razón en la fe no como algo conceptual, pues el sufrimiento no se deja pensar, es incomprensible, es decir lo produce sin comprenderlo muchas veces, esa es su esencia; la fe le da un nuevo sentido a éste misterio que se esconde en una pregunta ¿Qué es el hombre? Un misterio, en el sufrir se esconde ese misterio que envuelve su espacio-tiempo en forma de angustia.

La fe está carente de duda, es el encuentro personal con Jesucristo a través del sufrimiento, un medio para conocerse, es el sufrimiento el medio escrutador que intenta sacar las preguntas inhóspitas que se plantea el hombre en su soledad, es el alto para dejarse conocer por Dios, a lo que San Pablo decía:" entonces sabré como soy conocido" el eterno querer conocer.

Si analizamos la obra de Schopenhauer " *El mundo como voluntad y representación*" manifiesta: "La existencia misma es un dolor perpetuo, ya lamentable, ya aterrador, y, por otra parte, de que todo esto, considerado en la representación pura o en las obras de arte se halla libre de dolor y ofrece un espectáculo imponente… en otros términos, es él mismo esa voluntad que se objetiva así y que permanece con su dolor" Schopenhauer intenta dar un tipo de emancipación del dolor por medio del arte, pero no da la posibilidad de enfrentar el sufrimiento, el poder verlo de frente para encontrar un sentido profundo de su ser en Jesucristo, más bien presenta al arte como escape, pues la fe lleva a la cultura, cuando el arte no basta el hombre intenta hacer, lo explica Schopenhauer según los estoicos: "La moral del estoico, fundada sobre la razón; en efecto, los estoicos se vieron obligados a consignar, entre otros preceptos, para vivir dichosos, uno que recomienda el suicidio (como esos déspotas orientales, que, entre sus espléndidas joyas y sus objetos de arte, tenían siempre un rico pomo de veneno) Este precepto debía aplicarse en los casos en que los dolores físicos, que ninguna filosofía puede suprimir, ni con máximas ni con razonamientos, llegarán a ser excesivos e incurables, haciendo imposible la felicidad, fin único de la moral" La insatisfacción muestra su crudeza en la imposibilidad de vivir, al no vernos realizados en la felicidad, la buscamos en las cosas o en el hedonismo, sigamos con Schopenhauer "Se comprendió que la privación y el sufrimiento no venían directamente de no tener, sino del querer tener cuando no se tiene, y que esta codicia es la condición indispensable para que no poseer un bien se convierta en privación y nos haga sufrir. (La pobreza no genera dolor, sino la codicia: Epicteto) Así todo sufrimiento no proviene, en realidad, más que de la desproporción entre lo que pedimos o esperamos y lo que nos es concedido; pero esta desproporción no existe más que en el conocimiento" es decir pierde la esperanza al asegurarse las cosas, la existencia del ser se intenta justificar en el querer asegurarse "el no ser" necesita "ser" no sabe cómo colmar su insatisfacción, esa insatisfacción que se produce por ideal de vida que esperamos, cuando no se justifica ese ideal en la realidad el sufrimiento se convierte en un Leviatán peor que el de Thomas Hobbes o al de la escritura.

La Angustia de Kierkegaard y el Sufrimiento

Kierkegaard se preguntaba sobre cuál era el objeto de la angustia, "la respuesta no puede ser otra que la de siempre: ese objeto es la nada. Porque la angustia y la nada son siempre correspondientes entre sí… esa nada es el destino" o "El destino es la nada de la angustia" pero si seguimos leyendo, argumenta: "Es una nada, ya que la angustia desaparece tan pronto como entra en escena el espíritu, pero entonces también desaparece el destino, pues su lugar lo viene a ocupar la Providencia" pues el hombre es una constante búsqueda de seguridades, quiere asegurarse su destino en el "no sufrir" la constante insatisfacción le exige exigir a su "ser" unos esquemas establecidos llamados categorías con la finalidad de defenderse de su inseguridad, cuando el hombre no sabe cómo defenderse, experimenta sus dos nadas: la absoluta y la absurda, la absoluta nos lleva a la angustia, la absurda a la desesperación, experimenta su "ser" la vulnerabilidad, el "estar sin esperanza" es lo que demuestra Camus en su mito de Sísifo, al estar el hombre sin esperanza no le queda otra postura que la de la indiferencia como antídoto para seguir ahí, es un estar porque no hay más, me han echado al mundo y no me han consultado, asfixiado en el estar como espacio-tiempo el ser experimenta el sufrimiento como razón de ser aunque le haga perder la razón e intente razonar sus misterios.

El sufrimiento no sufre, se articula en la realidad, es aquello que es sin necesidad de llegar a ser; el sufrimiento sale al encuentro del hombre, es el termómetro que descubre el interior del ser que se eclipsa en el dolor.

Cuando el sufrimiento marca un rango que le es inherente, el tiempo, éste tiempo aprisiona al ser en el sufrimiento y el tiempo se vuelve una constante.

Si sustentamos esta teoría con premisas, podría esquematizarse así:

Premisa Mayor: El sufrimiento es una constante que escruta al ser de su ser.

Premisa Menor: Todo sufrimiento rompe y al mismo tiempo configura la verdad.

Conclusión: Todo sufrimiento demuestra una verdad insondable.

Si profundizamos desde el punto de vista de Heidegger, él manifestaba las tres formas de estar del ser que son:

A Heidegger le faltó la del sufrimiento, el pecado destruye toda posibilidad de sufrir con sentido, cuando el "sin-sentido" se apodera del ser, el hombre burgués que llevamos adentro, que vive cansado porque intenta vivir en el eterno hedonismo donde el placer por el placer se convierte en una obsesión, ese hombre que lleva adentro le exige todo desde su cuerpo hasta que llega a un estado de costumbre que le quita el sufrimiento como un "ser" es ahí donde empieza su nihilismo y aparece el escándalo existencial que le hace vivir con indiferencia su vida, el ser se vuelve una cosa y todo es inútil y la esperanza se vuelve una amenaza, se activa el mecanismo de defensa expresado y conceptualizado en el individualismo, todo se vuelve una carga, uno busca zafarse de esa carga, busca constantemente "el estar sin responsabilidad" esta responsabilidad que no es un moralismo, es un estado del ser, el llevar el ser no es un sentido de pertenencia, es llevar la posibilidad de donarse, don y darse, nadie puede darse sin apropiarse a la renuncia constante de sí. El sufrimiento nos deja expuesto a la inutilidad y nos deja asombrados al no poder ser desde nuestra razón, todo aquello que hemos planificado en nuestra razón, sino coincide en la realidad rompe esa estructura de querer ser desde una cosa, *reais=res*=cosa, entonces el sufrir se manifiesta en lo prohibido y nos hacemos una proyección de las cosas desde la injusticia, de ahí nace el resentimiento hasta llegar a manifestarse en una rebelión, la rebelión produce una inconformidad llamada insatisfacción como dolor, porque ambicionamos ser, queremos acumular cosas, afectos, etcétera. Cuando el ser ha sido hecho en su esencia para vaciarse, para darse, salir de él, pero uno lo somete y lo priva al querer poseer, "el poseer" sólo le pertenece a Dios.

El sufrimiento es la marca, la que penetra la existencia del hombre confundiendo su ser, es Dios mismo quien sondea la parte desconocida del ser por el hombre, es ese sufrir que le cuestiona su forma de ser y estar... y es que frente al sufrimiento nadie sale justificado, está condenado a padecer, pero hay que aclarar que aquí el problema del sufrir no es el sufrimiento en sí, el problema está en no saber sufrir desde el ser, pero ¿Quién nos da el ser?

El renacimiento ha negado toda clase de ser desde la providencia, han querido perpetuarse en su forma de ser dioses sin Dios ¿Quién le ha reclamado al ateísmo sus víctimas?

La sociedad lleva un trastorno actual al alejarse del sufrir (aunque siga ahí) al alejarse se aleja de sí mismo y de aquél que le da el ser mismo... Dios, como el ser no ha podido justificar su "culpabilidad" desde la inocencia de Dios que es su verdad, el hombre se ha volcado en negar a Jesucristo. De ahí que todo reclamo de justicia es un grito desde el sufrimiento y la continua exigencia el hombre que se cree inocente sin serlo.

Dios no tiene necesidad de existir, no necesita rebajarse a eso, aunque lo hizo en su hijo, de ahí que es imposible demostrar su existencia científicamente, es como lo expresaba Kierkegaard: "Dios no existe, es eterno", lo eterno no justifica su eternidad en la existencia, en sí no necesita justificar nada, Él es antes de la existencia, es el eterno existir, carece de nada, sólo la nada necesita justificar su existir porque está en el hombre en forma de sufrimiento y de ausencia de Dios, que el hombre mismo ha creado al pecar, el hombre es contingente a su existencia, pero eso no quiere decir que el ser exista, se existe en Cristo, cuando uno deja de ser a través del sufrimiento.

El sufrimiento es la forma en que uno busca su ser; no realizarse en el sufrimiento, si no encontrar una respuesta desde sus abismos no razonables donde la ciencia muchas veces no tiene jurisdicción, a la muerte le precede el sufrir, es el antídoto para prepararse ante el miedo inconsciente que nos presenta el dejar de ser, cuando se pierde el sentido del pecado todo se hace lícito, incluso el suicidio (el escape) el no aceptar la realidad como un "algo limitado" deja limitado al ser y lo envuelve en lo absurdo hasta que el hastío llega a colmar la medida, la vida misma sufre sin saber por qué. ¿Qué nos hace perder el sentido de lo real? El querer ser dueños del "yo" " mi yo" que es el después del ser que se manifiesta como "yo insatisfecho" cuando no ha sido curada la historia individual, "ese yo" exige a cada instante salir, busca un espacio, ese espacio lo halla en su profunda inconformidad, inconforme porque soy pobre, o porque soy feo, etcétera, es ahí donde se escapa el "yo" cuando ha penetrado el pensamiento en forma de razón y quiere cambiar lo que le es diferente o no aceptable, rompe con su ser, esa división, no como la de Platón entre el alma y el cuerpo, al romper en su interior con su interior, el mundo se vuelve un no "estar ahí" sino "un tienes que ser " ¿Cómo puede llegar a ser el ser cuando ha cortado su yo con su ser?

El querer ser muestra esa carencia de ese mismo ser, no se desea lo que ya se tiene. Schilling decía: "Querer es ser originario" lo que quiero lo quiero sin saber qué mismo quiero, el querer es no saber que ser siendo.

El sufrimiento es el abismo que nos une al amor de Dios, el "ser sufrimiento" es la roca donde se asienta la posibilidad del ser, el huir del sufrimiento es quitarle al hombre la posibilidad de vivir, al despreciar el dolor, se desprecia la potencia que da la tensión del querer ser sin Dios, el ser busca constantemente su razón de ser, esa razón, *ratio* de la imposibilidad de concebir el sufrimiento, es el "no" de la razón que afirma la debilidad del ser, soy un ser para morir, pero no como ocasión de desaparecer, si no morir privándome de lo que me gusta, el amar lo que uno desea, muchas veces suele ser la causa del sufrir, como decía el escritor: " Uno sólo quiere lo que desea y no lo que es bueno" el querer apropiarse es sinónimo de seguridad, el ser como seguridad desea conjugarse en un presente inmediato que es "yo soy" éste " yo soy" presente le ha quitado al hombre la posibilidad de esperar; la espera produce una angustia por el no saber qué vendrá, el siglo de las luces intentó dar una respuesta lógica a sus dudas sin encontrar una respuesta clara, el hombre como el centro de las cosas para confundir la existencia, una matemática carente de precisión, con la ilustración lo paradójico tomó cuerpo hasta convertirse en una esfinge, a la ciencia no le interesa que el hombre sea un misterio, le interesa lo experimental, lo que se puede probar, lo tangible, lo demás es un tipo de desorden que no está regulado por una ley, la ciencia ama la ley, pero se pasa despreciando las leyes de tipo moral que son intangibles, por eso la ciencia queda empequeñecida frente al sufrimiento, el sufrimiento se ríe de la ciencia, por no decir que de vez en cuando le escupe a la cara, pero la ciencia carece muchas veces de símbolos, los símbolos que guardan un misterio, hay algunos que no se dejan sondear, uno de esos es el sufrimiento, más bien el sufrimiento sondea el misterio del hombre y confunde a la razón científica y deja a la realidad sin entender los ¿Por qué? ¿Por qué el sufrimiento? ¿Por qué hay qué existir para morir? El hombre se ha visto abocado a gastar su vida en el reino de las necesidades.

Una sociedad que es un conjunto de personas que se manifiesta desde su diversidad experimenta el sufrimiento, su manifestación se da cuando las grandes metrópolis tienen lejos de sí los cementerios, las clínicas, todo aquello que les recuerde el dolor , pero una sociedad aun así sufre, aunque tenga todo, aunque hayan sido cubiertas sus necesidades, la necesidad es una carencia de algo, una especie de nada, pero la necesidad en sí no es el meollo del asunto, la necesidad se convierte en necesidad cuando no se acepta el sufrimiento como parte del "ser-ser" no "para sí" ni "en sí" si la necesidad se queda sólo en una carencia, el sufrimiento se vuelve absurdo, cuando se hace presente como un volver a la conciencia sin rechazar el sufrir, rechazar el sufrir es rechazar el “ser-ser” soy en cuanto soy para dejar de ser.

Frente al sufrimiento el lenguaje queda sin significado, el sufrir nos intenta decir algo, pero que intentamos decir cuando lo que uno expresa lo delata en su ser “su ser limitado” es cuando el luchar es sufrir, Herbert Marcusse expresaba: “La mente es un fantasma verbalizado” el mundo intenta adaptar al ser en su enfermedad para que no sufra, en la lucha por hacer desaparecer lo inútil que llevamos en nuestro ser, se manifiesta en el sufrir sin Dios, aunque la razón intenta promover el arte de vivir, su arte se queda sin imaginación.

La Historia del ser

"El hombre no se conforma con lo racional"

Lo que en un momento determinado llegó a convertirse en la satisfacción plena del hombre, de haber alcanzado parte del todo a través del progreso que da la ciencia, deja cada vez al hombre en su ansia de ser sin saber qué ser es, el ser para alguien, lo que es su ley de la tendencia, es decir amar, éste amar implica sufrir, perder algo de sí para que el otro sea, es decir reciba mi ser aunque lo rechace, de ahí surge la insatisfacción para convertirse en necesidad ontológica, que incluso llega a expandirse en forma de cultura.

La insatisfacción que lleva el ser está anclada en la necesidad de "ser sin ser" es decir; el ser tiene hambre de ser, de llenar una necesidad que lo hace vivir insatisfecho con su realidad, lo convierte en un monopolio de sus necesidades, quiere serlo todo y tenerlo todo, cuando no se cumplen esas necesidades el ser respira tragedia, es ésa tragedia que le exige en su pesimismo ver a los demás como una amenaza, es ésa tragedia interior que lo lleva a alienarse en las cosas hasta crear una ley interna que: " Todo es para mí" crea su objeto, éste objeto le va exigir vivir sin necesidades, rechazando todo lo que es contrario y adverso a " su ser " es así como el ser busca su muerte en la vida objetiva, crea objetos cuando el sufrimiento le suprime; y es que queremos vivir sin tener conciencia de que vivir es ceder el propio vivir, o en palabras de Unamuno: " El dolor es la sustancia de la vida y la raíz de la personalidad, pues sólo sufriendo se es persona "

Muchas veces se ha entendido al ser como algo intrínseco del hombre, y no como algo dado, la ciencia siempre intenta apropiarse de todo, que utilizando su lenguaje está traducido en definición-concepto; el lenguaje determina una realidad, pero el ser hasta ahora es inescrutable e indescifrable, Heidegger intentó profundizar su raíz, dejando la puerta entre abierta, cuando el relaciona la muerte con el ser, intentó buscar una salida desde la misma muerte, siendo ella la negación de la vida, su contrario, toda afirmación afirma su contrario o " La muerte nos precede" pero el sufrimiento es una incógnita que vale preguntarse: ¿Por qué no le preguntamos a la pregunta sus repuestas? ¿Por qué sufrimos? ¿Para qué sufrimos? ¿Tiene sentido sufrir? Y es que el ser afirma su ser en el sufrimiento, cuando Dios dice: "Yo soy" afirma su ser y niega el nuestro, es decir que nuestro ser depende de un "Yo soy" después dirá Jesucristo en el Nuevo Testamento que "Sean uno como tú y yo somos uno" uno en la locura de la cruz.

El ser que nos es dado y que se realiza nos hace uno con Cristo en el sufrimiento, el sufrimiento descubre la intención del ser, saca a la luz la verdadera necesidad, hace presente el origen de la insatisfacción del no ser; "No seas y podrás más que todo lo que es" Fray Juan de los Ángeles (Diálogos de la conquista del Reino de Dios III, 8)

El continuo querer ser, por ser como imperativo para suprimir el dolor y hacer desaparecer lo pueril del accionar, es así como la Ilustración afirmó la necesidad de la razón como el nuevo ser, pero en sí se convirtió en un Cronos que se come a sus propios hijos en la ciencia sin Dios.

Hemos dualizado la realidad en lo que sirve no sirve hasta convertir al ser en un error de la Historia o en palabras de Jaspers: "Las ciencias son por sí mismas insuficientes"

¿Ha evolucionado nuestra enfermedad por no sufrir? ¿Qué es el querer? No es más que quitarle todo significado profundo al ser, todo sufrimiento está sujeto al rechazo.

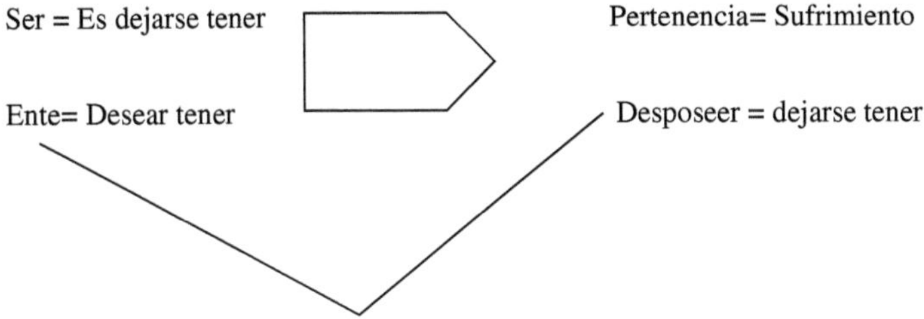

Sufrir con sentido--- Esperar la Eternidad

Uno es en tanto en cuanto se encuentra con Dios, en la lengua árabe no hay un término que corresponda exactamente al verbo ser, más bien expresa la idea de existencia, significa más bien tener un lugar (con la idea de movimiento) que ser, que es Kana.

El ser pierde su parte oculta y sale a la luz en el sufrimiento, el problema en vez de descubrirlo, lo aleja de sí mismo en la nada.

El sufrimiento es el ser, sólo se es sufriendo, el devenir se desliza en el sufrir redimido, todo es necesario, incluso la nada para que aparezca el ser, el ser cobra sentido en el sufrir.

Se ha definido al ser en sí como el ser que permanece dentro de sí mismo, como el ser perfectamente inmanente.

La alteridad del ser está en el ser-otro, pero para que se dé está alteridad, el "ser-ser" tiene que donar algo de sí, sufrir su ser, para desligarse de sí sin dejar de ser, el mismo para ir hacia el otro, soy ser en cuanto cedo mi propio ser en el otro, es ahí cuando mi ser se hace nada en el otro y aparece la comunión, soy otro en tanto en cuanto dejo mi propio ser.

El ser en sí es inmanente, es el que permite ser al ser para sí, se mueve constantemente para manifestar ese ser.

El ser sufrir es el que hace tener conciencia de ese ser y volverse hacia el otro, Guardini decía que "la vida consiste en tensión y contraste."

El ser sufrir da al ser en sí y para en sí una tensión para llevarlo al equilibrio de Dios, pero lo que ha sucedido es que esa tensión se la ha quitado en el ser de las cosas, soy en cuanto soy hacia la cosa, es así como el sufrimiento se lo ha relegado a un escape, a una alienación para no saber lo que es sufrir, pues el sufrir es el que me anuncia la muerte, de ahí que el pseudo equilibrio consiste en mi " ser- cosa" un estatismo de seguridad al apropiarme de mi vida sin saber para qué vivo, hay necesidad de existir sin saber qué es eso, me invento el existir desde mi *"cogitans"*, una manera de ser en las dos nadas explicadas, una dicotomía existencial en la que desconfiguro mi ser, ya no como ser, si no como necesidad, buscamos el querer ser no para dejar de ser, sino para no ceder.

El pensar y el sufrimiento

Ahora ¿el pensamiento piensa al ser o el ser piensa al pensamiento?

¿El sufrimiento vive al ser? ¿El sufrimiento le hace pensar al pensamiento? ¿El pensar sufre pensando?

El pensar puede desnudar la realidad, inventa como maquillarla, el sufrimiento ni la desnuda, ni la maquilla, confronta al pensar con la vida, pero ¿Para qué me sirve pensar?, ¿para sufrir? Entonces no sirve, pero si descarto al sufrimiento no me puedo conocer, es el sufrimiento el que me hace conocer que me muero, que estoy solo y que me he pensado sin pensar en vivir, he destruido la relación del ser con el sufrir, porque el acto de filosofar no sólo consiste en conocerme, si no en dejarme conocer por Dios en el sufrir y el sufrir es un hecho, un acontecimiento existente que penetra al ser en sus profundidades dejándolo sin opción a defenderse, siempre se quiere ser para no perecer y el ser no se materializa en el perecer.

Aparece lo que no es existente en el sufrimiento, el fenómeno queda sesgado en su interior marcado por el ser del sufrir y desvela al ser al no ser desvelado. ¿qué será esta conciencia del sufrimiento? El acontecimiento tiene conciencia al hacer vivir un hecho.

"Una ley es un objeto transcendente de conocimiento, puede haber conciencia de ley, pero no ley de la conciencia." Sartre

Se podría repetir la fórmula variando algunos aspectos, el sufrimiento es sufrimiento de algo, el ser implica el ser en cuanto no soy desde el otro ser, pues el sufrir no desaparece, transciende nuestro ser y no ser en la realidad cotidiana aceptada.

El ser busca su existir, es decir su afirmación en "querer ser" busca apropiarse de su "ser" en el "otro ser" soy en cuanto el otro me deja apropiarme de su ser, el querer ser busca adueñarse de lo que es inabarcable del propio ser, de ahí la insatisfacción de no ser.

El ser al estar en sí mismo se desgasta, el estar lleno de sí mismo lo vuelve inexistente y prepara al ser para la incapacidad de vivir, lo deja invalido, su ser se vuelve un "anti-ser" no un "no – ser"

"La característica del ser de un existente es la de desvelarse a sí mismo" según Sartre, pero esa característica del ser es inconsciente de su ser existente, pues el sufrimiento le revela a su ser mismo como posibilidad de transcendencia que va hacia otro ser, su ser más allá está dentro de su "ser-ser"

Sartre decía que el ser no tiene secreto, lo extraño es que todavía sigue siendo objeto de estudio, tiene un misterio que se esclarece en el sufrir como estado de no ser, pérdida del sentido auténtico, en donde la conciencia se tropieza con él " en sí " ; el sufrimiento es la posibilidad de transcender , se mantiene como eso, como una posibilidad e intenta dar equilibrio entre el ser fenómeno y ser conciencia, aunque la conciencia no sepa explicarse, el fenómeno del sufrir le da una relación de " ser a ser " que mantiene al hombre en un estar ahí, es decir, le da una existencia ontológica en el que se cuestiona su devenir.

¿El no ser es el ser al no-ser o es su forma de ser al no-ser? ¿Cuál es el ser del sufrimiento? ¿Por qué el ser se oculta en el sufrir?

El vacío que lleva el ser al experimentar su " no ser" frente a la insatisfacción de verse limitado al estar frente al " otro " es este vacío que pide ser llenado manifestado en forma de desesperación, uno se desespera no porque no espera, sino porque quiere el " hoy " como algo propio, es ahí cuando aparece el sufrimiento sin sentido, es el sin sentido que lleva a la insatisfacción y así es como se anula al " ser-ser " de ahí lo paradójico se vuelve una posibilidad, una vez que uno se encuentra frente a su no ser, este se presenta lleno de una insatisfacción concreta de la cual necesita vaciarse para encontrar su " Ser " que es el aceptar su estado de " Ser- Creatura " creatura creada, débil, limitada en su ilimitada libertad.

El puente entre la nada y el ser es el sufrimiento, toda expresión "No tengo, no puedo" provoca en el ser una "ipseidad" un en sí mismo, una negación que produce insatisfacción y sufrimiento, la resignación es un sufrimiento acomplejado, es decir si hacemos un paralelismo, la pintura (nada), el hombre (el pintor), la pared o cuadro (el ser)

Uno esparce su pintura en un espacio- tiempo, desde su sufrimiento en el ser, de ahí que el sufrimiento tenga sus grados en base a su nada, si la angustia es la captación de la nada según Heidegger, ¿qué es la angustia, si no sufrimiento? ¿Sufro para dejar de ser, o sufro para ser?

El ser sufrimiento como conocimiento no nos es dado como conocimiento, si no como un ser desconocido, todo sufrimiento produce angustia, la angustia es el ser de la nada que se expresa en su no ser, pero ¿qué es el sufrimiento? ¿Una nada? ¿Una angustia? ¿Qué es?

El sufrimiento es donde el propio ser toma conciencia de su no ser, se actualiza, se sabe cómo ser existente, pero a la vez se sabe cómo el futuro inexistente listo para ser dejando de ser.

El tomar conciencia, se puede ejemplificar con el siguiente ejemplo: Cuando vemos un cuadro y conocemos las diferentes clases de estilo, podemos apreciar esa obra y conocerla mejor, podemos tener conciencia de ese cuadro, el desconocer esos estilos, me puede llevar a no darle importancia.

El ser toma conciencia de su “ Ser ” y “ estar ” como ser en el sufrimiento, el ser sufre de forma inconsciente y lo expresa en forma de angustia, el sufrimiento se oculta en el ser, el sufrimiento arrincona al ser en su “ soledad ” en su “ ser limitado” cuando el ser no es “para ser” intenta afirmarse en esa negación, busca ser, y ese “querer ser” le exige tener una forma de ser, es decir, ser egoísta, ser mentiroso, ser algo, siendo ese algo afirmo mi “ ser- tener” el tener es la búsqueda del ser que no ha aceptado no ser, el no ser siempre se ha manifestado como la proyección del fracaso, el fracaso crea un sufrimiento, produce un estallido de ausencia, la ausencia de mi conciencia, queriendo entender la pregunta que se plantea todo ser ¿Qué soy? Soy…, el ser se esconde en su “soy” soy un ser, el ser encuentra una respuesta que le limita frente al fracaso, la realidad es un tipo de fracaso que intenta proyectar un esquema que corrompe la realidad que produce mi yo y que se enfrenta con la realidad externa, entonces aparece el conflicto del ser, es este conflicto el que mantiene en tensión al ser.

El ser manifiesta su “ no ser” en el sufrimiento, el miedo explota su nada en el no ser, es decir que el miedo es un atributo de la nada, una vez que el miedo ha penetrado mi ser en forma de angustia, llego al vértigo de la desesperación, el no ser es una negación que se transforma en ser limitado al “ no- ser ” niego mi esencia y aparece frente a mí la nada, el infierno, no donde los demás son el infierno, sino que en mi interior estalla este infierno al no aceptar este no ser como limitación, primero me lleno de miedo frente a la limitación , una vez que el miedo se ha convertido en angustia y luego en desesperación, todo esto recae en un saco llamado no aceptación, al vivir con esa “ no aceptación ” mi interior que me pide ser experimenta la frustración, aparece la nihilización como un ente extraño en mí, que transciende mi voluntad, lo que me hace vivir en un “ no para vivir ” este “ no para vivir ” se manifiesta en la alienación de hacer cosas, mi ser se reduce a un hacer y no en un ser, la existencia se inutiliza en el intento de querer ser, cuando en un principio el ser no aspira ser, no necesita aspirar ser cuando " ya es "

Sartre define a la angustia como: "...a la conciencia de ser uno su propio porvenir en el modo de no serlo o el yo que soy depende en sí mismo del que no soy todavía" o en palabras de Hegel: "La esencia es lo que ha sido"

Toda nada descubierta me hace despertar a la realidad, la nada es la antesala de mi " yo soy" soy el que tiene una realidad, esa limitación que es producto de una enfermedad me hace saberme como un ser sufriente, como uno que existe con su realidad dada, el sufrimiento explicita de qué estoy hecho; y estoy hecho para la muerte, todo acto cubre mi realidad de muerte en alienación, la existencia deja de ser un existir para ser una exigencia, la exigencia de ser sin saber cómo darme ese ser que me corrompe en la insatisfacción de sentirme infeliz con todo.

Ludwing Feuerbach manifestaba: "El dolor es la fuente de la poesía" o cuando manifestaba que "Sólo la conciencia es el ser real... lo que está libre de necesidades en general, tampoco tiene necesidad de existencia, un ser innecesario es un ser infundado... sólo el ser lleno de dolor es un ser divino: un ser sin padecimiento es un ser sin ser"

En el sufrimiento soy dos estados a la vez, me soy yo sufriendo, me sé y me conozco un ser sufriente sabiendo mí no soy, conozco e intuyo mi nada y el otro estado es que ante mí aparece mi nada, que no puedo con mi yo cuando está la nada y peor cuando toma posesión de mi ser, no se mezcla, ni lo esclaviza, está ahí como el Dasein de Kant haciendo patente mi limitación.

El sufrimiento es una aporía para la ciencia, quizás pueda encontrar su solución en el Mito de la Tortuga y Aquiles de Zenón de Elea, originalmente la Matemática ha sido la ciencia de la relación, Aquiles compite con una tortuga , Aquiles el gran semidios, podríamos hacer un paralelismo, Aquiles, fuerte e invencible, veloz, de pies ligeros, representa a la ciencia que edifica su reinado en sus descubrimientos y adelantos en beneficio del hombre (que son muy buenos) la tortuga un animal diminuto, lento, carente de fuerza y velocidad aparece como el sufrimiento que la adelanta a la ciencia en su reiterada eternidad a la velocidad de la luz, la ciencia se encuentra con su atraso, o en palabras de Heidegger " La muerte nos precede" la tortuga siempre le precederá a Aquiles; el sufrimiento como instancia del ser, o manifestación en la que el ser toma conciencia de su propio ser, está adherido a su existencia y marca su esencia del ser.

¿Pero qué ser tiene el ser? El ser se manifiesta y se descubre a sí mismo en la persona, es la forma existencial como anuncia su presencia ¿Qué es la presencia? ¿es un estar? ¿Cómo uno está en el ser? O ¿Cómo el ser está en su ser persona? Toda presencia es un inequívoco que manifiesta mi finitud, estoy para desaparecer, mi ser se acrisola en el sufrir, la impotencia es su anuncio, al ser no le interesa ser, le interesa trascender, uno transciende su realidad de ser en el sufrir, el sufrimiento es la manifestación que se manifiesta para que el ser deje de ser en el no ser.

Podríamos manifestar una primicia falsa: el ser es en cuanto es cuando no es ¿Tanta negación lleva el sufrimiento? Parece que el ser se diluye en el sufrir, se esparce como radiación que el hombre queda dimensionado y confundido en su ser, quiere ser, pero su sufrir le impide hasta intuir (ver) su ser.

Si planteamos el problema del ser en cuanto al sufrir, el ser no se piensa, el ser se hace conciencia de su no pensar en el sufrir, el sufrir no es el no ser, es la parte media entre el ser y el no ser.

Todo ser obedece a su querer ser, a su realización, él es, es un motor que mueve hacia la intencionalidad.

El "soy" no está en relación al objeto, el sujeto es sujeto de sufrir, de ahí la frase antigua de los griegos: "Sufrir para comprender" ¿Qué es comprender? ¿Se puede comprender el sufrir? ¿Se puede conocer el ser del sufrimiento? ¿Se puede comprender así mismo el sufrir? ¿El hombre se comprende entendiendo? ¿Por qué es importante comprender el sufrir? ¿El pensar se aniquila en el sufrir? ¿Se puede pensar el sufrir sin sentirlo? ¿Se sufre pensando?

Este cóctel de preguntas hace presente el sufrimiento que plantea el pensar, el pensar es una forma de sufrir, no intento sobredimensionar el sufrir, pero es por él que el hombre busca su ser en "no ser" es decir alienándose, escapar del sufrir es negar el ser, cuando Leibniz hablaba de las mónadas que se desintegran, explicita la esencia, el ser necesita perder su propia negación que es querer ser ¿Por qué queremos ser? ¿Qué afirma nuestro querer ser? ¿El ser es un querer o es un tener? ¿Ser para qué y para quién? ¿Hasta qué punto nuestro ser nos exige ser?

Toda realización es una manifestación de la insatisfacción, soy en cuanto no tengo, la ausencia de algo me hace ansiar lo desconocido, al ansiar algo estamos hablando que el ser se reduce a un mero deseo, entendemos que nadie desea, ni anhela sufrir, más se lo desea erradicar, si el ser es un tiempo-espacio que desea desear y por ende llenar algo para luego tener y desengañarnos en el tener, sólo llegando a tener la insatisfacción, o mejor dicho la insatisfacción se adueña del ser y nos logra tener en la alienación, todo escape es escape del sufrir, nadie sabe hasta ahora lo qué es la nada, pero se vive en la nada absurda cuando se huye del sufrir, de ahí Heidegger: " El hombre es el ser de la lejanía" intenta realizarse o tenerse a sí mismo en las cosas, cuando la cosa en sí lo pone frente a su propia impotencia, ante su inutilidad, inútil no es aquél que no puede hacer algo, es aquél que no sabe existir en el sufrir, el mismo sufrir escruta al ser en su propia magnitud, le obliga a ser; Kant manifestó que el ser en sí era impenetrable, este ser deja penetrar y sondear al sufrir.

Y es el que el no ser es dejar de ser, al dejar de ser, el ser experimenta el estado de miseria, queda herido en su interior. La decepción del ser es cuando el ser pierde su capacidad de no ser, no acepta el no ser como una particularidad de su mismo ser, Sartre lo explicaba de la siguiente manera:

"Todo proceso psíquico de nihilización implica pues una escisión entre el pasado psíquico inmediato y el presente. Esa escisión es precisamente la nada. Lo que separa lo anterior de lo posterior, es precisamente nada y ésta nada es infranqueable (eirox) la nada lleva en sí misma oculta la negación… la libertad es el ser de la conciencia, en la libertad el ser humano es su propio pasado"

Si todo está separado por el tiempo, el tiempo es la división de lo indivisible, el tiempo me limita al saber que no puedo alcanzar mi tiempo ¿Cuándo es mi tiempo? Tiempo para recaer en la pérdida de uno mismo, uno envejece para que la muerte le rebata el tiempo, aunque no queramos envejecer, viendo como las fuerzas se pierden, el tiempo nos hace ver perdedores, perdemos nuestra autonomía, la enfermedad es el rasgo común del fin de nuestro existir, pues existir es luchar, esa lucha intenta penetrar el ser desde el sufrir, luchar es resistir ¿a qué se resiste el ser? A no ser nada, ese no aceptar la nada es lo que origina el sufrimiento, el no ser para…

La intencionalidad es una forma que reforma al ser, pero ¿la nada está libre de toda intencionalidad? La intencionalidad expresa mi intención, intención de ser para el objeto, el objeto del ser es satisfacer el "es" del ser

Existen tres grados en el ser:

1.-El Es

2.-El No Ser

3.-La Angustia- El Sufrir

El Es

Toda negación realiza una afirmación. "Él es" manifiesta la esencia, esencia que significa en latín antes del ser ¿Qué está antes del ser? " el no ser" en el no ser el ser "es" se sabe su propio ser, discierne su yo soy en el querer ser como es, esperamos el "es" para llegar a ser, el ser no tiene límites, pero pone sus límites a la realidad , el ser siempre intenta superarse, cuando Nietzsche hablaba del eterno retorno, donde todo se repite sin cansancio, el ser entiende a cansarse, se divorcia de su propio ser, lo deja trastornado cuando pone sus propios límites, se limita porque su negación le garantiza su *dasein*, su estar ahí como conciencia unívoca del existir.

Hasta ahora hemos indagado lo que es el ser-sufrimiento, pero ¿necesita el ser sufrir? ¿Tiene necesidad de ser sufriendo? Cuando el ser es un mástil que intenta flamear ese ser en la existencia representado en su querer ser, todo ser pasa por ese querer ser ¿qué queremos ser? La eterna realización manifestada en un pensar, Descartes intuyó bien con el *cogito*, mientras más me pienso, más sufro, sufrir es pensarse con conciencia, (y el extremado culto que le ha dado la Filosofía al hecho de pensar), no es bueno, ni malo, el ser se sufre sin sentido porque se piensa sin conciencia.

¿Qué es la conciencia? La conciencia carece de ciencia, es el abismo que separa la profundidad de nuestro espíritu con la realidad ¿Dónde la conciencia une estos espacios? En el sufrimiento, ahí los reconcilia.

Sartre manifestaba: “La libertad es el ser de la conciencia, en la libertad el ser humano es su propio pasado”

El sufrimiento es el ser del ser con conciencia, la libertad es saberme *existenciario* en mi propio yo hacia el otro, no hay yo sin el otro, soy tan yo en la medida que existe otro, el ser está solo cuando sé que en “su yo” no hay otro, de ahí parte el sufrimiento sin sentido.

Si lo planteamos desde el pensamiento, toda incógnita plantea una pregunta y una pregunta busca una satisfacción, ese preguntar expresa un sufrir, si me pregunto ¿Quién soy? ¿Hasta qué punto estas preguntas tienen respuestas concretas?

Ahora, la conciencia del ser es su sufrimiento, ¿Por qué el ser ontológicamente llega a su muerte, a su olvido? Cuando la libertad se encuentra con el sufrimiento ¿Qué hace, ¿cómo reacciona? Si la libertad es el ser de la conciencia ¿Soy libre cuando sufro? ¿La libertad está limitada por el sufrimiento? ¿Entonces ya no hay libertad? O ¿El sufrimiento es la libertad? ¿Cuál es la esencia del sufrimiento?

Aquí tenemos que hablar de la angustia, la angustia es el ego del sufrimiento y la desesperación la tragedia del sufrimiento ¿Por qué la historia del pensamiento y de la humanidad está marcada por el sufrimiento?

La necesidad es carencia, el no tener algo marca y fija mi necesidad en un querer ¿Qué queremos? Todo, en el inconsciente queremos todo, esa no aceptación de la necesidad produce un sufrir, el sufrimiento es una expresión de su ser en forma de negación, el ser tiene una necesidad, necesidad de ser ¿Qué somos? Un pozo de necesidades, llenar este vacío es lo que produce miedo y el miedo nos llena de sufrimiento, el sufrimiento nos llena de insatisfacción, la carencia suscita la incertidumbre, la incertidumbre se da en la cotidianidad, la cotidianidad es el tiempo transfigurado en lo común, en la simpleza de cada soledad individual, el sufrimiento hace cotidiana su presencia en el ser dejándolo solo, descubierto en su "ser-ser" des alienado de su querer ser. El ser en su soledad ha perpetuado su presencia en la inutilidad, una cosa sirve según su utilidad, si somos una cosa pensante, según Descartes en sus *Meditaciones Metafísicas*, esa cosa para ser cosa necesita una utilidad, es decir producir, pero lo ¿que no produce? ¿Qué pasa? ¿No es cosa o deja de ser cosa? ¿es inútil pensar? ¿Nos pensamos? ¿Produce sufrimiento el pensamiento? ¿Pensamos para sufrir? ¿Sufrimos pensando? La inutilidad es el presupuesto que tiene el sufrimiento, el ser participa en la inutilidad en un "no poder" ¿Qué es lo que podemos? La inutilidad expresa el trasfondo desconocido de cada ser, cuando se ha planteado la pregunta ¿La realidad supera al ser? Tenemos que partir si el ser es una realidad ¿Tiene el ser una cosa, o la cosa tiene un ser? Pues toda realidad es captada por nuestra percepción que trabaja como conjunción para unirnos a la realidad, pero si la realidad supera al ser, el ser queda supeditado a ella, entiéndase a la realidad como cosa (res) y la cosa se expresa en su estar ahí ¿Para qué? ¿Qué es estar ahí? El estar es la constante que tiene la utilidad, como la frase "servir para algo" La inutilidad expresa su inconformidad con el ser, manifiesta su realidad en el inconsciente.

Cuando lo adverso rodea al ser, el ser se mira desde sí, ese mirar es cuando la inutilidad enfoca al ser en su soledad, se queda abandonado en sí mismo, la soledad es la secularización del ser. La angustia de la que habla Kierkegaard se vive desde la pérdida y la pérdida es quedarse sin algo, deja en la soledad ese espacio, es como un grito, lo absurdo es la expresión del cansancio del ser, de ahí es que ese grito no se escucha en la historia, cuando Husserl hablaba de evitar el cansancio, hoy el mundo según Heidegger está cansado, el ser para el mundo, hastiado incluso de sus propios placeres, el hombre experimenta su insatisfacción en un " qué ser" o qué quiero ser, cansado de no saber qué quiero ser, el hombre ha mutilado su propio ser , aunque no se lo pueda mutilar. El yo me oprime en mis necesidades, me hace esclavo, me obliga a ser yo, ¿Cómo es este yo que me esclaviza a querer ser su yo? Soy tan yo porque hablo de un yo al que conozco de nombre ¿Hasta dónde puedo ser un yo? O me despojo de él o lo acepto como una carga dentro de mí, o dictatorialmente me obliga a ser su yo, entonces ¿Qué soy? Un yo que me obliga a ser mi propio yo, tanto yo que no quiero ser "mi yo" entonces el yo se vuelve una exigencia y me obliga a ser yo, yo quiero, yo puedo, yo tengo, yo sé, sin caer en ideas budistas, el yo me obliga a ser "mi yo" el yo es el principio del sufrimiento.

En palabras de Ortega y Gasset: " Yo soy yo y mis circunstancias" tengo un yo, una propiedad, algo que cuidar, ese sentido de pertenencia al ser con la carga de cuidar y velar por él, el yo es el espejo de mis sufrimientos, pues el "yo" no sabe sufrir, sabe ser él, para él y en él, se mueve en su yo y exige ser su propio yo, una condena sin juez, ¿Cómo sé mi yo cundo no sé lo que soy? ¿Dónde empieza mi yo y dónde termina mi ser? ¿Los dos se disputan mi sustancia? Todo acto del ser es una lucha, esa lucha entre ser yo o yo ser crea en la persona un sufrimiento, el sufrimiento del yo y del ser, es un sufrimiento sin entender, donde la razón es esclava de sus apetencias.

Hasta qué punto mis circunstancias son tan mías o propiedad de mi yo cuando están fuera de mi alcance, soy una circunstancia de la colectividad de circunstancias, el sufrimiento es muchas veces el menosprecio a querer ser no sabiendo qué ser.

De un grupo de "yos" ¿Puedo alcanzar con mi yo las circunstancias? Y es que el sufrimiento me proporciona un sentido del sin sentido de las cosas, no tiene relación el sufrir para mi yo con las circunstancias, las circunstancias pueden absorber mi yo, dejarme en el sufrimiento absoluto para pasar a lo absurdo del sufrimiento que es donde radica el pecado, el pecado consiste en sufrir sin Dios.

Es curioso que el yo sé quiera pasar al querer ser, "yo quiero ser" la típica frase absolutista de una verdad inconsciente.

¿Qué tan dueño soy de mi yo? O ¿Esclavo de mi yo? Es así como se piensa así mismo el ser a través del sufrimiento, es ahí donde la angustia manifiesta su existencia, el sufrir como una forma del ser no siendo, es otro estado del ser donde encuentra su propio ser, sin necesidad de un yo, pero sí con la necesidad de un tú.

El aburrimiento es el excremento del tiempo donde uno se mata con ahínco, la existencia le marca la ausencia, incluso de su nada, el propio ser se adueña más a él porque es lo poco que tiene, el ser se niega a sí mismo queriendo ser, el encuentro con la existencia marca una postura, esa postura, es el estar ¿Cómo se está? Por ejemplo: si estoy de pie, es decir mi cuerpo está sostenido por mis pies y mis piernas, ese sostenerme define al estar, el estar es sostenerse en la existencia, pero no define en esencia el estar, porque mi pensamiento que no se ve puede estar en otro estar, no soy consciente del estado de estar de pie y despierto, sólo soy consciente de lo que quiero pensar, porque incluso ni siquiera soy consciente de lo que quiero pensar, porque incluso ni siquiera soy consciente del mismo pensar.

El sufrir me hace estar en el estado en que soy consciente de mí no ser, es decir hay "hoy" como estoy, pero habrá un "hoy" sin estar cuando deje de existir.

El pensamiento es una trampa, nos piensa el pensamiento a través del acto mismo del pensar, al pensar ejecutamos la guillotina de nuestra medida transformándola en verdad, ese pensar que nos atrapa en su burbuja, no nos deja respirar y limita a la libertad creando una sola realidad, cuando pienso sin pensarme aparece el sufrimiento, pensar es sufrir, pero ¿Para qué sirve pensar? La historia manifiesta que el pensamiento ha utilizado al ser humano para hacer de él un objeto sin capacidad, el pensar se confronta con otro pensar, crea una tensión, esa tensión es una lucha y la lucha es un sufrir

"El yo preside al ser; yo soy: El yo tirano que me obliga a ser, sólo niego mi yo cuando estoy libre de culpa, somos culpables de querer ser, amar es negar mi querer ser, ser es ser culpable, la culpa es el encargo de nuestras acciones equivocadas, la elección es la esencia de la libertad, nos obliga a obrar, ¿Qué es obrar? Estamos obligados a actuar, como en el teatro, a realizar un hecho, el hecho es el encuentro con la libertad, el hecho es el camino que se termina, estar frente a él es saberse libre para enfrentar la angustia del sufrimiento, el actuar puede llegar a monopolizar mis circunstancias, hechura histórica somos, marcados por el querer ser que nos obliga a ser, incluso el no ser que es parte del querer ser que nos empuja actuar, a cometer un hecho ¿Qué es un hecho? Un acontecimiento, el verbo acontecer viene del latín *contingere* (tocar- suceder) al obrar uno expresa un tipo de diálogo, cuando la persona está obrando, está diciendo ¿Quién soy? ¿Para qué vivo? ¿A dónde voy? El ser renuncia a sí mismo en su obrar, me determina hacer incluso a veces lo que no quiero. Cuando el ser intenta obrar, intenta poseerse en sus hechos, se activa el mecanismo de hacer, ¿Qué es hacer? Es limitar mis actos a algo concreto, lo más concreto que tiene el ser es el no ser, el sufrir sinsentido es el martirio donde uno quiere ser sin saber qué ser.

¿Se puede obrar sin libertad? La libertad es el sentido de la conciencia, pero uno puede obrar sin libertad, sin sentido, qué es el sentido que le da lo absurdo, al darse eso la libertad se convierte en una esclavitud, libres con la única opción de ser esclavos, esclavos de una identidad de hechos, el hecho es el susurro que marca el origen de nuestro pensar, o sin pensar, obligado ya no a ser, sino hacer, es decir hacer un acto donde la voluntad puede llegar a romper el cordón umbilical con el "ser" depender de mi yo para no saber qué hacer, volvemos a la misma pregunta ¿qué es hacer? El ejercicio que nos obliga a un cometer, aquí aparece la intencionalidad, la intención es el lienzo donde se pintan nuestros actos, el error es un diseño de la libertad.

Cuando el ser intenta apoderarse del sufrir, la angustia hunde sus raíces en el existir, existir es saber estar o mejor dicho tener conciencia de mi inconsciente existir, existir es saber estar en la colectividad de mis miedos, se expresa en la ausencia que crea el ser al no saber qué hacer con sus miedos, esos miedos que están encadenados a la seguridad de vivir, toda seguridad crea una pertenencia, la forma en que poseemos cosas nos convierten en unos sentimentales de la realidad, las cosas adquieren un fenómeno de dependencia, todo depende de las cosas, una vez que caigo en las cosas, soy una cosa más. Una descodificación sufre mi ser ¿ya no sé qué ser? A veces parece que ser es ser, pero ser no es ser, deseamos ser, pero no sabemos qué es ser, el ser no se deja pensar, se deja estar en el sufrir, mi ser se da como hipóstasis en el sufrir, el sufrir es el cumplimiento de mi ser, es ahí donde el ser se deja saber, se manifiesta como realidad integrada, aparece el verdadero ser, el rechazo al sufrir es el rechazo a ser que se expresa en la incapacidad.

El ser tiene la característica de no pertenecerse a sí mismo, lo posee el sufrir cuando intenta imponer su existencia en el estar, el sufrir es la hipóstasis del ser, el no ser es su suspensión, es cuando se sale de la historia e intenta destruir el sufrir, porque el dolor del ser es su alteridad, su extrañeza, queriendo ser no es sin ser, es una cosa que intenta atrapar la realidad o ser atrapado por ella, su naturaleza no sabe codificar el *pneuma* que ha perdido.

Todo querer ser se manifiesta en el no ser, su hipóstasis está en que deja de ser, no es en cuanto, es sino en cuanto dejo de ser, despojarse del ser es el problema más serio que ha tenido el mismo ser en su historia, la implantación de esa forma es donde el sufrir le hace presente al ser su propia rebelión a ser nulo, a ser nada, su nada cuya característica es el desposeer su propia naturaleza ¿Cuál es la naturaleza del ser? Aunque parezca paradójico el ser se naturaliza en el sufrir, el no ser no es la destrucción del ser, es el aceptar su ser no como propiedad ¿Quién es el dueño del ser? ¿El ser se puede dar a sí mismo? Cuando su esencia es querer, no dar para dejar de ser, pues el ser no cede muchas veces su ser, el ceder es un acontecer, en el que el hombre pierde y fracasa ¿Por qué lo negativo es parte del sufrir?

La negación del ser es la luz que le aproxima al gran ser, el sufrir es la esencia que le proporciona al ser, esa luz en su negación y la negación a perder algo de sí, dejar el "para" y en el sí, para incluso perder "algo de sí" ese sí que me afirma en el no sufrir, el sufrir me hace tener conciencia del existir como existencia, es el existir que me hace existir y sé que existo en cuanto y tanto sé sufrir, pero no como masoquismo, ni liberación, sino como conciencia del propio ser.

El ser es el hecho de utilizarse a sí mismo para hacer lo que no me gusta, el querer ser es el utilizarse en los demás para que el otro haga lo que me venga en gana, incluso cuando me produce placer, el no ser es dejar de utilizarse para ceder mi ser (que no es mi ser) para ser libre frente a los demás, el yo preside al "ser" el yo tirano que me obliga a ser "solo", niego mi yo cuando estoy libre de culpa, ya no soy culpable.

El ser se anuncia en el sufrimiento como presencia real, no real como cosa, sino como presencia inmanente, el pensar es una teoría humana en la que el hombre intenta no sufrir para no pensarse, el sufrimiento descodifica al ser para darle su ser en el no ser.

El pensar es la fuente que está rodeada de imágenes donde la razón procrea con el pensamiento a la idea, pero la idea es una realidad que se expresa en el lenguaje, es atrapada por el lenguaje, el lenguaje no es una realidad, es una expresión, "expresión" ¿Qué es una expresión? Es la unión de la idea con el lenguaje donde la realidad se crea a sí misma junto con la realidad aislada, particular, el pensamiento produce su propio sufrimiento cundo se enfrenta con la realidad, pero no es el sufrimiento, el sufrir se piensa a sí mismo y está por encima del pensar, el sufrir se piensa en la existencia, su existir que es estar sufriendo como instancia creadora, su creación es el dolor ¿Qué es el dolor? El dolor es la presencia del sufrimiento en su ausencia, el dolor es la angustia del no ser que intenta ser.

El sufrir acontece en su tiempo, el tiempo le anuncia al cuerpo su capacidad de desintegración, el camino hacia el morir, el tiempo es un espacio sin espacio, el tiempo somete a la realidad, frente a la mera realidad humana, el tiempo es el espacio que carece de tiempo, no tiene necesidad de sometimiento, esconde su realidad destruyendo realidades, es una enfermedad que cura la vida.

El no ser

Si nada puede existir antes de ser consciente, el sufrimiento es la conciencia del ser, le hace ser y le obliga a querer ser, es cuando el ser reconoce su no ser y se somete a la búsqueda de no querer sufrir.

Cuando Sartre pregunta "¿qué es lo que separa al sujeto de sí mismo?" No es el hecho de tener consciencia para sufrir, el sufrir no se deja atrapar por la consciencia, es el no sufrir con consciencia lo que deja al ser sin consciencia, el sufrimiento hace que la consciencia tenga consciencia de sí, el sufrir rompe la estructura ontológica en la que el ser ya no es para sí, sino su nada, Sartre cita al sufrimiento de la siguiente manera:

"La realidad humana es padeciente en su ser, porque surge al ser como perpetuamente infestada por una totalidad que ella es sin poder serlo, ya que justamente no podría alcanzar el en-sí sin perderse como para sí…Es pues por naturaleza, consciencia infeliz, sin transcender posible de ese estado de infelicidad… Mi sufrimiento sufre por ser lo que no es, por no ser lo que es"

Desmenucemos cada frase de Sartre: "La realidad humana es padeciente" sufre "surge infestada en su totalidad que ella es sin poder serlo"

La realidad no tendría razón de ser, es decir: "ser para ser" si no existiera el objeto de su realidad que es el hombre que lleva como carga existencial voluntaria al ser, el ser es la cruz de la realidad, la realidad está sometida a ser interpretada por él, a ser un fenómeno, si digo que el libro " es un libro" no es totalmente un libro, para saber qué es el libro, sé de forma inconsciente su ser que mi ser sabe sin saber que ese libro no "es un libro" si no sé los sufrimientos por los que tuvo que pasar el que hizo el libro "para ser libro" hay una historia, se dice que la historia es fuente de sufrimiento, por eso la realidad padece, sufre porque el hombre-ser es su misma lucha en que el hombre no es un ser para el ser, sino un ser para el hombre, ese combate que se da en la existencia deja huellas, esas huellas producen la angustia óntica, toda guerra tiene sus pausas, esa pausa es la nada, la que hace mirarse el uno al otro sin saber el ¿por qué del ser? Cuando el ser y el hombre concilian la nada absoluta con la absurda el hombre cura su propio ser sabiéndose como ser para la nada, aparece su infestación, el hombre está infestado en su propia nada, la nada que lleva al "ser sufrir" al " ser hombre" El sufrimiento desmantela cualquier realidad, la desnuda y la acusa haciendo sentir al ser extraño en sí, cuando el ser yo es un yo para él, el ser crea su propia muerte para establecer la consciencia del ser, el ser no es un ser, es deshacer el querer ser para poder ser sin querer, "el sufrir ser" se hace consciencia cuando el "dolor-renuncia" le quita algo de sí, el dolor que es la noluntad del mismo ser, el dolor que no cede, ni renuncia a su propio ser, sólo lo mantiene "para sí" el dolor estrella al ser contra el muro de la realidad dejándolo solo, solo, el ser de mi prójimo no puede penetrar el de "mi ser sufriente" sufro en mi propio ser, perdiendo algo de mi ser, es esa parte que el dolor conserva para sí, se convierte en el motor de la muerte ontológica que lo deja fuera de sí, no asume el dolor de la extrañeza del ser, lo deja sin forma de ser, lo agrupa y lo arrincona en la angustia, volvemos con la angustia, ella es " sin poder serlo" ¿qué es el es? La frustración crea otra nada que es la tristeza, la tristeza que crea la frustración es la nulidad, el sentirse nulo, es el no sentirse para nadie, cuando no somos para alguien la tristeza encuentra su propia desesperación, es la perdida de la "realidad-ser" la nulidad es el medio que utiliza el "ser tristeza" para conservar la negación.

"El sin poder serlo" certifica a la tristeza en su propia desesperación que le da cuando el ser pierde su angustia, la negación crea la nada que sustenta el atributo del ser ahora ¿puede tener la nada un ser-ser-nada?

Si la nada tiene un ser, la nada es, al ser la nada ser marca un origen, una raíz ¿Qué es la raíz? La raíz del origen del origen es la nada que sondea el misterio del mismo ser, el ser es una cápsula que somete los hechos.

La nada es el escondite del ser que se esconde dentro de sí, se refugia en la forma de no ser, el no ser es la forma ininteligible del ser que se desvela en la nada, es la nada la que empuja a la tensión en el campo de batalla que es la realidad.

La tensión crea un vacío que es la incertidumbre, la incertidumbre es la que pone la tensión, el no saber, el no saber crea la nada de la duda, la nueva duda que no es metódica, es la duda de la tensión que enmascara al tiempo manifestando la presencia del no saber que es la ausencia, el ser no soporta la inseguridad, la inseguridad de no saber ¿Qué es existir? El existir crea esa tensión que es la lucha que crea la duda de la tensión, la tensión juega con la nada a querer ser, es el sofisma que maneja la existencia hasta hacer huir a la seguridad, deforma a la realidad a la mera perspectiva.

El Pensar y la Muerte

Aprendemos el pensamiento en la medida en que atendemos a lo que da que pensar.

Lo que más merece pensarse es que nosotros todavía no pensamos…El hombre hasta ahora, desde siglos ha actuado ya demasiado y pensado demasiado poco. Los filósofos son los pensadores (Heidegger)

El pensar es un pensarse a sí mismo sin sí mismo, el pensar es el primer obstáculo para ser, el pensar no se piensa, solo piensa hacia el exterior, aunque fluya desde adentro, está sometido a mi exterior, es una "res extensa" según Descartes; sólo "Dios es el pensamiento del pensamiento" según San Anselmo.

El pensar es el delito por el que uno mismo se delata como un transgresor de la autonomía, el problema es lanzar el pensamiento sin capacidad de decisión.

Pensar es conocer lo posible sin saber si va a ser posible, el pensar es una forma de ser que tiene el ser sin saber qué hacer; cuando el hombre ha intentado pensar su ser ha desaparecido su yo y lo ha transformado en una autonomía colectiva en la que ha imperado el deber, el "debo" de Kant; Ortega y Gasset manifestó: "que el hombre es un problema", Nietzsche despenalizó el pensamiento y lo nihilizo.

El pensar acumula estructuras, esta estructura es el pensamiento sin pensar; dice la Psicología: "Pensar es una realidad concreta, un proceso mental o una serie de fenómenos, los pensamientos en cambio no son concretos"

La epojé que impone al pensamiento ese paréntesis que suspende lo concreto, lo oculta en su idea, suprime la realidad en ideas.

Por ejemplo, cuando llega un enfermo grave, el médico piensa en curarlo, le da todos los tratamientos requeridos y especificados por la ciencia, pero el paciente muere.

El pensar intenta engañar a la realidad humana en su pensar, en darte una posibilidad de salvación, de que viva el paciente, pero el mismo pensar se desengaña en su sufrir, de ahí aparece la pregunta ¿si el pensamiento nace del sufrir o del sufrir nace el pensar? El sufrimiento me pone a pensar en lo que decía Ortega y Gasset " en saber a qué atenerme" pero el sufrir no se puede pensar, es impensable, frustra al ser pensable y al "ser-ser" y aparece el "ser- muerte" todo pensar intenta penetrar el ser, en ese intento han aparecido las ideologías, donde el pensar se ha convertido en algo nefasto, ha intentado hundir sus raíces en el ser, pero no ha podido, la lucha entre el pensar y el ser, es decir: pensar-ser, ser- pensar crea el sufrimiento, en el sufrimiento el ser pierde su ser pensante y la angustia colapsa al mismo ser dejándolo en la extrañeza, todo pensamiento intenta borrar el sufrir, saca de sí mismo su existir. El sufrimiento es la nada de la nada ser que sustituye al tiempo y lo deja sin tiempo, lo esclaviza en el morir, solo en el salir del tiempo, no como un nirvana, mas si como atemporal, el pensar crea su propia nada al no saber a qué atenerse, como un "no sé ser" esa incertidumbre es la que esclaviza mi libertad, la libertad de no saber que ser, cómo ser y para qué ser, todo para durar, y volvemos con Sartre: "La duración es el no ser"

El sufrimiento es el ser del ser con consciencia, donde el tiempo encaja su propio tiempo, el sufrimiento hunde su realidad en la realidad misma, el sufrir es el tiempo del ser y le hace tener consciencia de lo que ha sido, ha dejado de ser y lo que dejará de ser en la muerte, el sufrimiento es el encuentro del ser con su ser en la mismisidad de la propia muerte, es donde no tiene escapatoria, donde el tiempo lo arroja al ser al abismo de su propia nada en el sufrir-ser, es la batuta que marca el paso de la desintegración, del dejar ser ¿Cómo puede ser, sino sé lo que es el ser? El ser se impone por sí mismo, aunque no se tenga conciencia de él, este ser que se impone por encima de la conciencia, conciencia de algo.

Mi ser no depende de mí para ser, yo si dependo de mi ser, como habíamos dicho me obliga a ser, a ser incluso lo que no quiero y lo que no quiero es lo que mi inconsciente rechaza más, el ser se impone sin imponerse, diluye su ser en el sufrir en forma de nada, es su nada la que lo caracteriza como ser, ser para nada, en el sufrimiento ¿Por qué tenemos que sufrir? Si vivir es sufrir, sufrir es vivir, vivir no para sufrir, sino vivir para saber sufrir. Lo que más se razona sin pensar es sobre la muerte, el salto a la nada, a esa nada como línea imaginaria en nuestra existencia que nos convence del hoy sin tiempo.

La Angustia – El sufrir

"La psicología afirma que existen millones de problemas distintos, pero en el fondo se reducen a un sufrimiento humano. Lo íntimo del hombre es idéntico."

Toda angustia es la presencia fija del sufrir, la angustia es el retorno de la existencia como tensión, toda tensión mantiene la incertidumbre, la existencia manosea la tensión en forma de angustia, ella es la respiración del sufrir, sufrir es dejar ser, es cómo uno deja de ser, para luego hacer el hacer que es dejar de ser, mis hechos son acontecimientos en los que pierdo mi ser cuando utilizamos mecanismos de defensa que son de forma inconsciente, mis hechos entre ceder y no ceder produce la tensión, la angustia del existir experimenta la inconformidad de ser para sí, su inconformidad es la esencia del sufrir.

"Conocer es hacerse otro" Sufrir es deshacerse por otro, mi ser no puede penetrar el sufrir, pero el sufrir penetra mi ser y forma en el mismo ser la forma del otro ser que está en el prójimo; manifiesta la situación de cercanía hacia el otro, es ahí donde aparece la comprensión hacia el otro, el no comprender al otro es el hastío que se presenta en la desesperación. La desesperación que es la angustia cuando está fuera de sí.

El sufrir es la constante donde el ser mantiene su atmósfera para saber que no va a vivir, el ser vive siendo, el sufrir le sale al encuentro de sí mismo, es cuando el ser se pregunta por su propio ser ¿Por qué y para qué soy? Entonces el ser del sufrir encuentra a nuestro ser y lo inserta de forma *pneumática* el ser sufrir, nuestro ser que está arrinconado en un estado burgués, es decir: la seguridad fría y calculada que nos libra del miedo, de aquello que no se puede explicar por la razón y no está fuera de todo cálculo, la gran seguridad es saberme a mí mismo donde mi ser descansa en su estado de inmutabilidad, lo cierto es que el sufrir es el océano donde se mueve la existencia, es donde lo inseguro echa sus raíces para hacerlo volver al ser sobre sí mismo, es ahí cuando el ser no se sabe a sí mismo.

El sufrir me hace sentir correr en el tiempo más rápido de lo normal donde me capto a mí mismo como un ser para no durar, mi duración llega a su término, aunque el dolor me hace consciente de la duración como algo prolongado, la duración se da en su prolongación y cómo experimenta en su existir mi ser la prolongación. ¿Qué es la prolongación? Por qué todo sufrir "parece que se hace eterno" como que es más lento, cuando hablamos de la angustia, hablamos que es un sufrimiento moral.

El sufrir es la extrañeza de mi propio ser, es la abstracción de mí mismo, su prolongación es el porqué del existir, la prolongación es el espacio donde la reflexión instala su estado en nuestro ser, es la angustia la que capta la propia historia como tiempo en la prolongación cuando reflexiona, es la reflexión la que nos hace existir, ya que todos vivimos sin existir y pocos existen sin vivir, por eso Sartre dice que es "Posicional", sufrir es deshacerse del ser en el otro.

El sufrir puede absorber la realidad dándole una circunstancia distinta, el cambio no que es, el que sujeta a la relatividad arbitraria en la que mi consciencia capta las cosas según su medida, pues el ser escapa de su realidad de ser cuando intenta ejecutar en su limitación lo que Protágoras decía: " El hombre es la medida de las cosas" ese tipo de realidad en la que mi consciencia quiere someter a mi ser a escapar, a alienarse en una existencia sin sufrir es lo que lleva a vivir fuera de la angustia y enclaustra al ser en los dos tipos de nada, absurda y absoluta, cuando el ser se ve que no es para nada y para nadie y su existencia le hace presenciar y experimentar su ausencia frente a sí mismo y frente a los demás, el ser se convierte en un ser absolutista, el pensar se piensa en su consciencia, soy una amenaza y hay que vivir a la defensiva, que es la forma que tiene las dos nadas, soy para el otro una competencia, un ser que niega mi ser, si él es yo, no puedo ser, es así como el existir se angustia, pero en sí su extremo llega a la desesperación, es ahí donde el hombre opta por el suicidio o por la indiferencia, todo es necesario porque es absurdo, funda el hedonismo en su propio ser sin saber que es él, el sufrimiento condena al ser a escapar, estoy hablando del sufrimiento que el hombre intenta ignorar con la indiferencia, viéndose obligado a escapar y si la historia es fuente de sufrimiento, el ser intenta hacer cosas, se sumerge en la coseidad sin saber que es él, solo le importa la cosa, si la cosa me permite vivir sin sufrimiento o le da una distancia frente a él para que en esa distancia poder ser lo que quiero ser, entonces el ser no se afirma por ser el mismo ser, sino que desea un nuevo ser que no es ese ser, niego mi propio ser queriendo otro ser, el ser en sí ya no es para sí mismo, sino un desear para sí mismo, mientras está patente la carencia, el ser anhela; un tipo de limbo existencial, "quiere hacer lo que le da la gana" pero el desear ese que "hacer lo que me da la gana" para ser, es lo que hace al hombre ya no esperar nada, todo deseo se funda en un esperar cuando ya no se espera nada, el sufrimiento moral destruye los ideales del deseo, la apatía sondea a la razón para convertirlo en la sinrazón, aunque Hegel diría:

" La astucia de la razón" que se manifiesta en el caos para después volverse razonable, o, " lo razón es la realidad" y " la realidad es la razón" , pero la razón pierde su "ratio" en el sufrimiento, en lo que no puede explicar, lo que está sometido a la intuición o en palabras de Bergson: " La intuición es un método de conocimiento superior a la razón" aunque el sufrimiento se intente explicar, la razón no podrá comprender el sufrimiento, para la razón no tiene razón de ser, el sufrimiento es el ocultamiento del ser, el misterio que la razón no puede penetrar.

Es ahí donde se termina "la astucia de la razón" , se frustra, y la crisis existencial hace su entrada apoteósica a la realidad, es ahí donde uno se encuentra sufriendo, pero sin sentido, el pensamiento queda inutilizado, ya no hay un "cogito ergo sum" el existir se piensa sufriendo, ese pensar produce en la realidad una alteración que es la insatisfacción que es desear ser para luego rechazar lo que sé es, en la insatisfacción el ser encuentra su caída, desprotegido de toda seguridad, obligado a esconderse en el arbitrio de querer, busca categorizarse en las cosas, se transforma en un utensilio del existir.

El ser desprende su ser en su luchar, el ser que lleva como yugo del cual no puede librarse, aunque se aliene en las cosas, el sigue ahí, inmutable.

Toda persona es un estar para el otro desde su ser, su ser estar es la influencia que marca la relación de las personas desde un espacio, tiempo, consciencia e inconsciencia, el hecho de pasar desapercibido por alguien es una forma que tiene de ser el inconsciente para defenderse del otro y limitar el ser del otro.

El drama que desprende el estar no está solo en estar, sino en cómo mi estar es en el ser del otro, cómo afecta mi ser en el otro a través de mi presencia, es esta presencia la que marca la estructura de una resistencia "resistir" ¿Qué es resistir? El otro se convierte en mi resistencia, mi ser quiere adquirir su forma de ser en el mundo, necesita "mundanizarse", busca esa forma, es ahí donde la resistencia hace su oposición, el otro ser es mi oposición, opuesto a mi "yo ser" todo ser está sujeto a la relación, re-lación, el ponerme en contacto con los demás "seres" es exponer mi propio ser (propiedad) la relación con otro implica el escuchar, pero ¿Qué es escuchar? Para escuchar hay que acallar al mismo ser, mantenerlo en la ausencia del silencio, es dejar mi ser a un lado y ver por el otro ser, es la forma que utiliza la existencia para relacionarnos, aunque el ser sea impenetrable e inescrutable, todo ser exige de sí mismo ser, ser que exige al otro ser para poder ser en sí mismo, en esta relación toda clase de relación humana está fundamentada en el interés de ser sin ceder.

El resentimiento capta la anarquía del recuerdo es donde uno es su propia repercusión manifestada en un error. El error de ser sin saber qué querer ser. El resentimiento es el obstáculo de la memoria, pues solo recuerda el daño hecho en el que ese recuerdo produce un dolor, dolor que se alimenta en el recordar, el resentimiento es la esclavitud del ser en forma de memoria, todo resentimiento busca otro ser que se observa la culpa, busca un culpable, el resentimiento rapta la forma inmanente que tiene el ser para ser, incluso para dejar de ser, desproporciona de sí mismo al ser mismo en el tiempo, el tiempo es el indeterminado que determina los hechos, mostrando la realidad en un espacio que es presente, será pasado y que no es futuro, " el para sí está condenado a ser para sí que es una reflexión pura"

"Los tres ahora" de lo psíquico se llamará presente, en efecto, él ahora está presente a la conciencia. Aquellos que han pasado al futuro tienen exactamente los mismos caracteres, pero esperan en los limbos del inconsciente, un recuerdo que sobrevive en lo inconsciente es un ahora pasado y, a la vez, en tanto que espera ser evocado un "ahora" futuro.

Así la forma psíquica no es algo "a ser" está "ya hecha" No se trata ya, para los "ahora" que lo componen, sino de sufrir uno a uno, antes de retornar al pasado, el bautismo de la consciencia" Sartre

Sartre explicita el tiempo como el conjuntos de los "ahora" hay un hoy que se vuelve constantemente en la consciencia para un ahora transformando y transcendiendo al tiempo en el otro tiempo sin sufrir, pues el tiempo bautiza a la consciencia en el sufrir como programador de su devenir existencial, lo proyecta desde su ser y lo conduce hasta el valle de lágrimas del que habla Heidegger que es el mundo; ya no sólo como representación de mi voluntad como decía Schopenhauer, si no como la negación de mi voluntad en la mera imposibilidad de la misma nada que determina y limita a mi nada ser "ser" y "no ser" Aristóteles diría que estoy diciendo un herejía filosófica o una premisa falsa, soló sé siéndome en mi no ser para la nada de ese ser que tengo que ceder en el mundo al tener que dejar de ser, una muerte ontológica para que es querer ser lo mismo a la vez, es en ese querer ser la misma cosa como sustancia lo que provoca el desencadenamiento de la esclavitud de la razón como el resorte para justificar la otra forma que tiene el ser "mi forma de ser" ¿Cómo es mi forma de ser? ¿Cómo es la forma de los otros seres que no tengo referencia? El otro en su forma de ser es otro ser para mi ser, el yo de ese ser que tiene un tú que soy yo, otro yo que se manifiesta a su ser como "ser para", ser para quién, la dependencia de la existencia es lo que no hemos escogido, el no ser parte de una elección me deja en una nada, no tengo opción, la única opción es que me es dada la nada como angustia, el no saber a qué atenerme, lo contrario a lo que decía Ortega y Gasset, el otro es una opción que no hemos escogido está ahí como ser para mí, desde su ser. En primera instancia el otro aparece como un desconocimiento, un extraño, ¿qué es ser extraño? Lo desconocido se presenta como lo extraño, pero la alteridad también es la extrañeza en sí, es la forma que tiene la intuición para ser, es como la extrañeza se aproxima al ser para hacerse conocer al ser que mi yo sólo conoce como extraño.

El ser impuro

El sufrir impuro es el que se manifiesta en forma de resentimiento y rechaza a la historia como fuente de ser y de sufrimiento, el ser encuentra su "ser en sí" como un estar, estar en el existir para sufrir como forma de ser mundano, existo porque la existencia me es dada, no me la puedo dar, está limitada por el contingente, el ser un ser necesitado forma en mi existir el sufrir, el sufrir intoxica al ser con una nueva "forma de ser" que es " no ser" en la que el hombre manifiesta su rechazo en la indiferencia, funda su " yo soy" en un "¿Quién soy yo?" ya no necesito un yo que acompañe a mi ser en donde pueda alienarse el ser para poder ejercer el ser un poder sobre el yo, así el " soy yo" marca un tiempo en la historia, pero la misma historia tiene su propio ser que está fundada en el acontecer, ¿ Cómo suceden los hechos, cómo afectan las relaciones entre un ser y otro ser? Que es un en sí, para llegar al para sí que está en una lejanía que es la proximidad con que cedo mi ser.

El en sí que es lo que es y el para sí que es el conocimiento del en sí todo esto lo abarcamos desde la conciencia en forma de intuición, según Husserl la define como la presencia en persona de la "cosa" a la conciencia, y Sartre la define como la presencia de la conciencia a la cosa, pero la cosa está presente como no conciencia, niega su estado al ser una cosa, una cosa sin saberse como cosa, es el objeto negado para poder ser.

La ciencia ha buscado respuestas en lo fáctico, lo más fáctico que ha tenido la historia es el sufrimiento, "el sentimiento trágico de la vida" el sufrir no es un sentimiento, la vida es trágica porque se sufre, las distintas categorías que tiene el sufrir, el dolor, la desesperación, el miedo, etcétera, el hombre sufre porque no sabe ser libre, hemos sacado al sufrir de la libertad, por eso nos hemos quedado sin libertad, somos los nuevos esclavos con libertad, somos conducidos al martirio de lo demostrable, pero cada vez somos más indemostrables, un compás que mucha veces gira al antojo de la sociedad con la intención de darle precisión a los movimientos cotidianos de la ciencia, pero la ciencia de la existencia está aún por ser explorada, escudriñada.

Lo cierto es que la ciencia nos ha enseñado el espejismo de la exactitud y con el bálsamo de la epistemología han argumentado sus teorías (poner a la luz) que en sí sería fenomenológica, pero no hay forma de llegar al ser sino por el ser sufrir, no como el sufrimiento que nos ha demostrado la sociedad al darle el nombre de masoquismo, lo cierto es que el hombre encuentra su exactitud en su forma de auto eliminarse, sabe cómo destruirse y esa destrucción tiene capas, ciencia, sociedad, etcétera; la reviste de tantos tejidos que ya ni se ven, pero el sufrimiento toca a penas la primera capa donde queda amenazada y al descubierto la intencionalidad del "ser para no ser" el hombre sufre y busca su "ser aceptado" ese ser aceptado por la sociedad.

La presencia con la elección

Mi presencia no ha decidido ser presente, mi presencia es la presencia de algo, le han impuesto una presencia, el estar presente es una elección que no he elegido, me toca saber elegirme como ser presente, aunque mi presencia como decía Sartre: " radica en aquello que no se es..., en realidad un ser sólo puede hacerse anunciar lo que él no es a partir del ser que él no es" Todo nexo externo en el que éste implicado me pone en relación con ese objeto desconocido ¿Lo desconocido nos marca con la incertidumbre? Esa incertidumbre es la que usa la cosa para penetrar mi ser no en su esencia, pero sí en su sustancia y que puede repercutir en aquello que seré, esa incertidumbre es el sufrir, es ahí donde colapsa la cosa su "ser cosa" lo que es conocido tiene un antes que es su desconocer, todo desconocer produce una conciencia de ser cosa que se da en la intuición.

La intuición que es donde la cosa desparrama su ser, sufre al ser cosa ¿Qué puede ser eso que desconozco? El sufrir es la presencia de la cosa como cosa en sí, el sufrir despierta a la conciencia de su inconformidad con el ser sin saber que es ese ser.

Cuando Sartre hablaba del conocimiento decía: "Es la pura soledad de lo conocido y esto hace que haya ser, ese ser crea su negatividad" o en palabras de Gabriel Marcel: " El yo no es sino negación, y no alcanzamos el pensamiento absoluto más que tomando conciencia de la nada de nuestra individualidad"

Ahora podemos hablar del resentimiento que es un resistir que el ser tiene como opción de saberse así desde su negatividad, "así soy" se suele decir, mientras más soy, el objeto de querer ser sustrae mi ser y me deja en la sospecha de no ser que se confirma en la angustia existencial, no logro alcanzarme desde mi ser, soy alcanzado por otro ser que me obliga a dejar de ser, como el ejemplo de Sartre: "El hecho de contar dos tazas sobre la mesa no alcanza a ninguna de las tazas, ni en su existencia, ni en su naturaleza"

El ser es alcanzado y totalizado en el "ser sufrir" no es absoluto "La nada es aquello que determina a la totalidad como tal, en tanto que la nada absoluta dejada fuera de la totalidad… la nada no es la nada sino la realidad humana captándose a sí misma excluida de ser y perpetuamente allende al ser, en comercio con la nada"

Si la nada es la nada, nada puede ser nada, " sino la realidad humana captándose a sí misma" dónde encarna la nada su "ser nada" no en su nada como nada sino en sufrir, el sufrir que manifiesta mi ser nada ante el mundo como solo mundo y nada más según Heidegger, el sufrimiento capta y absorbe mi ser conciencia de algo aunque sea para la muerte, la naturaleza expresa en toda su *ipseidad* su propia muerte, todo muere para nacer, como el algo natural, como la nada que precede a su "ser para" sufrir es proyectar mi nada en la muerte de mi ser, morir es el argumento por el que se justifica la misma existencia, es transcender mi ser en el sufrir, la transcendencia se da en el sufrir, es la posibilidad de ser sin ser, si el ser constituye a la propia nada en estado indeterminado en el que se deja de ser para ser desde su sufrir, luego crea su nada y conforma la hipóstasis.

El ser sustituye su impotencia en su nada, viéndose limitado a solo ser sin poder ser lo que ha querido ser, busca su ideal, su idealismo que se ha plasmado en toda la historia universal y humana de la Filosofía, el idealismo ha manchado de sangre al mismo ser justificando su idealismo a través de la razón, ha empujado al ser mismo al abismo del sin sentido por medio de una pseudo iluminación " la luz de la razón" cuando la razón es la oscuridad que le niega al ser su ser hipostasiado, por eso rechaza el no ser cuando no puede pensar las cosas desde su dominio.

Una forma de ser que tiene el ser es no siendo, me realizo no siendo, es esa forma, como esa forma le da al ser su ser el no ser y le obliga arrastrarse hacia a él con total seguridad, esa forma se la da el sufrir expresado en el "no estar" no estar satisfecho con esa que tiene el ser no siendo, se frustra el mismo ser queriendo ser, no es, solo adquiere una forma que es no ser, es un tengo que estar con lo que no soy porque no quiero ser, así afirma su negatividad. El ser afirma su negatividad desde que quiere ser, entonces ser no es ser, es dejar de ser, le da cabida al "ser sufrir" el ser desciende su hipóstasis en el sufrir y el sufrir se hipostasia en el hecho del dolor como sustancia que se desliza por la existencia, al existir uno sufre, pierde el sentido particular del ser, el ser autónomo crea en él un Dios, anula al Dios histórico, con ese dios que lleva injertado en su existir, le hace sufrir, no entiende el vivir de ser vivido como un regalo, sólo lo acepta como un debo, debo ser importante, debo tener, debo ser, la obligatoriedad de ser por ser, es esa obligatoriedad que me obliga a contemplar las cosas sin conciencia, es cuando el sufrir se deja conocer al ser y el ser se reconoce en su ser al sufrir como el ser que necesita ser, rompe la estructura del ser y no ser.

Todo conocer implica un grado de frustración, penetrar el ser del conocimiento para llegar a conocer lo que es una cosa, el decir que es una cosa no me hace conocedor de ese algo que he mencionado, más bien me acerca a su extrañeza que es lo desconocido, conocer es dejarse conocer en la cosa misma, pero el escepticismo que es patrimonio de la razón ejerce su función desde la intuición creando una ambigüedad en las formas de captar las cosas desde el ser, conozco una cosa cuando la reconozco y me aproximo a ella pero me alejo de mí mismo perdiendo mi ser para ser el no ser, de ese próximo, me diluyo en su nada, en su sufrir que es como la conciencia se contempla desde sí mismo

Cualidad del sufrir

El sufrir insta a la resistencia, me resisto a no ser cualidad que se expresa en el dolor, está ahí en forma de resistencia, mi idealismo se antepone a los movimientos del otro como un "ser-ser"

Cuando observo a una persona desconocida, observo sus gestos, su caminar, hablar que son movimientos que me dicen algo porque no me dicen nada, conozco el movimiento, pero no el ser de ese movimiento, es esa resistencia que presenta todo ser para dejar de ser lo que le proporciona un sufrir.

Si el ser tiene un adentro que no es un afuera como relaciona el ser en su propio ser, ¿será dejando de ser? Su adentro que es como la caverna de Platón, aprisiona a su ser en su ser, en su sí mismo, sus hacia adentro, el afuera es la cualidad del ser, expresa su afuera en forma de "dejar de ser" o "ceder algo de su ser" no en el sentido de gastarse, si no en el sentido de aprehensión.

El sufrimiento desnuda a la razón en su precariedad que tiene frente a la realidad, la deja en su desierto, en su soledad, intenta expulsar su realidad desde la alienación, se esconde en ella sometiendo a la realidad a la inconformidad, Beauvier decía: "Tenemos defectos correspondientes a nuestras cualidades"

Pero si la razón es la forma que tiene el pensar para hacernos equivocar, se ha dicho que la razón es el intermedio entre el pensar y la nada, no será una forma de instrumentalizar al pensar, para esconderla de la nada y someter a la existencia al *factum* de la apariencia que proporciona la *res* de la existencia.

Si el ser es creado desde su nada, la nada tiene una forma, es un sujeto que carece de objeto, supone al ser su sustancia, al aquello que posee ¿Qué posee la nada? La mismisidad que tiene el ser para poder ser un ser sujeto, el ser se posee en su propia nada, le arranca a la existencia esa otra forma de ser que es no ser.

El ser aspira a lo desconocido en su intento de ser conocido, se encuentra con el misterio de ser el mismo para la persona que encarna y guarda a ese ser atrapado en su "seidad" escruta al actor que manifiesta una forma de su ser desde el acontecer que le toca ser, el contacto con las cosas lo hace un ser en constante relación.

El ser le confiere al no ser el estado de la no pertenencia desde la frustración como obstrucción del existir, aquel impedimento es el que mueve a la negación a negarse a sí misma, sin saber su mismisidad ¿Quién soy en la negación? ¿La negación? Como aspecto notorio para acorralar a la nada e intentarla volver absoluta, aunque el absolutismo es una idea que descuartiza al pensamiento, lo llena tanto de sí para vaciarlo hacia lo infinito, de ahí la necedad de pensar como entelequia que intenta suprimir a la misma realidad y lo deja al ser en la extrañeza de no saberse qué es para sí mismo. Consumada la frustración el ser busca su mismo ser desde la lejanía del sufrir que es ahí donde encuentra su propia "seidad" se comunica en la vaciedad que lo impulsa a querer ser, es ahí donde el ser encuentra de forma empírica con la insatisfacción, la insatisfacción es el desconocimiento del conocimiento en el existir, no es lo mismo que vivir, una vaca puede vivir, pero no existir, no tiene consciencia de su vivir, Adquirimos la costumbre de vivir antes de pensar (Camus) podríamos hacer una diferencia entre vivir y existir, vivir es no tener conciencia de mi existir, por ejemplo la vaca vive, pero no puede estudiar, ni sacar un título profesional, ni atender a un enfermo, hay personas que viven viviendo sin existir, vivir es perder el sentido de lo significativo, la alteridad del existir, donde lo extraño es el nuevo ser de mi ser, todo pierde su significado y lo absurdo toma forma en no ser para nadie; su vivir está condicionado sólo al espacio, pero no al tiempo, ni al Dasein de Heidegger; pero existir es tener conciencia…

Este "verles" a los demás las vivencias propias de la introyección es, sin duda, un acto de intuición en que se da algo, pero ya no es un acto en que se dé algo originariamente.

Del prójimo y su vida psíquica se tiene, sin duda, conciencia como "estando ahí él mismo" y estando ahí a una con su cuerpo, pero no como se tiene conciencia de este último, como algo que se da originariamente (Husserl)

Existir es no perder el origen de las cosas, existir es tener conciencia de que estoy vivo y ¿Qué me anuncia que estoy vivo?, la misma muerte, existir no es pertenecerse, es pensarse como una posibilidad, lo dado no nos está dado, sino en la realización del mismo pensar sabiéndome contingente, existir es tener consciencia del vivir que me es dado como representación de otro ser, ese otro ser es la muerte, existir es tener consciencia de que me voy a morir; la insatisfacción frustra al ser quitándole su consciencia, la consciencia es apercibirse como ser que se reconoce en el existir viviendo, la vida se la puede vivir, pero pocos la logran existir en ella, el sufrimiento es la repuesta del ser de la lejanía, es donde uno se aleja de sí mismo, se "des socializa" (perdón por el término) se corrompe en su propia ausencia que crea el mismo desde su relatividad, aparece la deshumanización del ser, pierde el sentido del sin sentido, se asienta en el costumbrismo de lo cotidiano, el suicidio se vuelve una opción necesaria, la nada toma un rostro, el desvelamiento del ser se da en el sufrimiento.

"La manera más profunda de sentir una cosa es sufrir por ella" Flaubert

Flaubert sintetiza a la cosa en un sentir que es el sufrir, ¿Una estética del trascendental del sufrir? O solo una proposición, ya Heidegger decía que decir es coger, que coge el sufrir, el sentir del existir y lo hace concepto de un mismo existir, ¿Todo es el lenguaje? Aristóteles lo expresa así: "La consecuencia, con frecuencia ridiculizada, de estas opiniones es que se destruyen a sí mismas. Pues al afirmar que todo es cierto afirmamos la verdad de la afirmación opuesta y, por consiguiente, la falsedad de nuestra propia tesis (pues la afirmación opuesta no admite que ella pueda ser cierta). Y si se dice que todo es falso esta afirmación resulta también falsa. Si se declara que sólo es falsa la afirmación opuesta a la nuestra, o bien que sólo la nuestra es falsa, se está, no obstante, obligado a admitir un número infinito de juicios verdaderos o falsos. Pues quien emite una afirmación cierta declara al mismo tiempo que es cierta, y así sucesivamente hasta el infinito".

El hecho es que intentamos captar fenómenos, el filósofo pescador que caza a los fenómenos no como representación, sino como razón para ser, no hay cómo tener la razón, ¿Quién la puede tener en su subjetividad? Camus lo discierne desde este punto:

"En último término, me enseñáis que este universo prestigioso y abigarrado se reduce al átomo y que el átomo mismo se reduce al electrón. Todo esto está bien y espero que continuéis. Pero me habláis de un invisible sistema planetario en el que los electrones gravitan alrededor de un núcleo. Me explicáis este mundo con una imagen.

Reconozco entonces que habéis ido a parar a la poesía: no conoceré nunca. ¿Tengo tiempo para indignarme por ello? Ya habéis cambiado de teoría. Así, esta ciencia que debía enseñármelo todo termina en la hipótesis, esta lucidez naufraga en la metáfora, esta incertidumbre se resuelve en obra de arte. ¿Qué necesidad tenía yo de tantos esfuerzos? Las líneas suaves de esas colinas y la mano del crepúsculo sobre este corazón agitado Comprendo que, si bien puedo, por medio de la ciencia, captar los fenómenos y enumerarlos, no puedo aprehender el mundo" Albert Camus

El sufrimiento pone entre paréntesis la misma existencia, la reduce a un juicio, al juicio transcendental, incluyendo lo absurdo, es así como se regresa a la vida de forma fenomenológica después de haberla vivido, no ya como representación si no como vida transcendental, la representación es la que nos hace el querer tener las cosas

"El misterio es la lujuria de la oscuridad" José ortega y Gasset

El hombre es el loco que vive en su bañera intentando pescar lo inefable, lo oculto, fragua su demencia ahí en su coseidad de no saberse qué es y cómo es, se pesca él mismo, mientras intenta cogerse el agua de su vida que se le escurre entre sus pensamientos y sus ideas, cuando llega el tiempo que es el médico que le pregunta, vuelve a ser lógico, lo cierto es que la lógica aquí encuentra su nada y la materializa en la síntesis de la vida llamada sufrimiento, sin necesidad de hacer un teorema sería así, sufrimiento es igual a la base de la angustia sobre el fracaso, resultado nada.

O en palabras de Kierkegaard: "Se debe herir mortalmente a la esperanza terrestre, pues solamente entonces nos salva la esperanza verdadera"

El espacio que ha perdido sentido al no querer sufrir, ha perdido su tiempo hipostasiado para dejarlo vacío, es así como llenamos el tiempo de cosas al estar vacíos, nuestros espacios están vacíos y sin el sentido del tiempo lo que existe es la carrera insondable del hacer para olvidar el tiempo, el tiempo es el que más se evade en la existencia, porque me llena de apercepción, mientras el tiempo tenga menos sentido, será más justificable asesinarlo al no tenerlo como un estado de consciencia, al hacer cosas, muchas cosas, también se ha perdido la dimensión de las cosas que desconocemos y a lo que no sabemos darle un nombre, lo llamamos cosa, el encuentro con una cosa por lo general es inconsciente, no hay un empoderamiento de sí mismo, sólo el inconsciente se esparce sobre esa cosa desconocida, acumulando la vida.

No somos lo que queremos, buscamos la profundidad en lo desconocido, pasamos por actores, sin rol, fingiendo en esa profundidad nos buscamos sin encontrarnos, cuando nos dimos cuenta ya no sabíamos quiénes éramos. Entonces en palabras de Camus ¿Cómo podemos elegir ser nada? Al no saber cómo somos esa nada.

La inutilidad es la expresión de la utilidad en el utensilio, no porque no sirva, sino porque se agota, el agotamiento pesa sobre el ser, hace que se piense, así la existencia se emancipa en el agotamiento, destruye el patrón establecido del existir impuesto por el objeto colectivo, la masa de la que habla Ortega y Gasset. La existencia camina por el sendero de la inutilidad, su huella es un referente y la impronta de la misma humanidad, el hombre queda inutilizado al no comprender el sufrir hecho historia.

Dios es el pensar que se piensa desde sí mismo en el dejarse servir en el otro, es la posibilidad que se actualiza en el sufrir, en el sufrir ontológico como respuesta a la incógnita eterna del hombre, ¿Para qué vivo? El pensar de Dios se realiza en el "ser sufrir" en el otro con sentido.

Iniciación a la maldad

"El dolor es en nosotros el sentimiento más vivo; el placer nos afecta menos que el dolor, y nunca basta a consolarnos de él. En vano algunos filósofos sostenían, conteniendo sus gritos en medio de los sufrimientos, que el dolor no era un mal; en vano otros ponían la suprema ventura de en la voluptuosidad, a la que no dejaban de negarse por medio a las consecuencias: todos ellos habrían conocido mejor nuestra naturaleza si se hubieran contentado con limitar a la exención del dolor el soberano bien de la vida presente, y con reconocer que, sin poder alcanzar ese soberano bien, nos era permitido solamente acercarnos más o menos a él en proporción a nuestros cuidados y a nuestra vigilancia" Diderot y D" Alembert.

El sufrir nos aproxima a nosotros mismos en "el ser-ser" es ahí donde uno conoce su naturaleza y puede esperarse en su ser para ser, Nietzsche manifestó que el "ser no existe, sólo la vida" El ser se hace vida en su "ser sufrir"

Hemos encontrado la nueva esclavitud en la razón, el yo que tenemos, es el yo en que podemos conocer la cosa en sí misma en el sufrimiento transcendental en "cono"- "ser"

Cono= sufrir

Ser= sufrir en el otro

¿Es entonces el sufrimiento pura ciencia al estar extremadamente demostrado en la historia de la humanidad? Kant habla de que "el conocimiento de un objeto implica el poder demostrar su posibilidad." ¿Hablamos de un positivismo del dolor? Podremos hablar de una Etnometodología que es el estudio de la manera en que las personas le dan sentido a sus vidas.

¿Qué es la representación?

El sufrimiento en sí establece su matemática exacta en la incertidumbre, no deja establecer las preguntas que esconde su misma exactitud, su preguntar es sólo demostrar como es el mismo, su ser en su propia manifestación al querer huir de él.

“El hombre no puede llegar a ser hombre por sí solo. El ser sí mismo únicamente puede realizarse en comunicación con otro ser sí mismo; el ser sí mismo y ser en comunicación son inseparables.” Jaspers

La representación viene a ser el lenguaje, la verdadera representación, el lenguaje nos hace consciente del recuerdo, como Heidegger decía “que el recuerdo piensa lo que nos afecta” es el tiempo el que lo hace sufrir, la famosa categoría que Kant exponía como el a priori, es decir no depende la experiencia, el sufrimiento es a priori, no depende la experiencia para manifestarse, ya Kierkegaard manifestaba que la nada se proyectaba en la angustia, pero dónde quedó el sufrimiento del ser; si “ser significa la realidad” como decía Heidegger, la realidad es la memoria de mi representación, entiéndase memoria en el sentido de Heidegger es decir “devoción, no concentrando sólo en el pasado, sino en el futuro que va a venir, el ánimo recuerda lo que tiene y es” el sufrimiento llega al futuro del hombre como ser para no ser, el ser que intenta realizarse en su ser anulándose en su para sí es donde el no ser se refleja como el sufrir como la nada absurda, es así como se piensa el ser en su sufrir proyectando el sin sentido de las cosas.

El ser-sufrimiento es lo impensado, “Lo impensado es el don supremo que un pensamiento ha de conceder”

Que significa preguntar, la voz “preguntar” proviene del latín *percontari* ‘someter a interrogatorio’, en su sentido original ‘tantear, buscar el fondo del mar o río’, pues es derivado de *contus* ‘bichero, percha’, alterado vulgarmente en **praecuntare* (por influjo de cuntari ‘dudar, vacilar’).

En latín *contus* significa ‘remo’ o ‘palo para remar’. Del griego κοντός [kontós] ‘palo’, ‘vara’, ‘barra’.*Percontar* significaba ‘sondear la profundidad del agua con un remo o palo'. De ahí tomó el sentido figurado de 'informarse de', 'preguntar por', 'interrogar'. Una*percuntatio* era un 'interrogatorio', una 'consulta', un 'sondaje'.

Cuando preguntamos algo siempre buscamos una respuesta, si el preguntar es un acto que bosqueja la realidad en esquemas, para luego tener ideas, ya Heidegger decía que "la idea constituye el ser de un ente"

Lo impensable es la respuesta hecha pregunta, ¿Hacia dónde va el pensar, ¿cuál es su fin? Lo impensable es el sufrir, ya San Agustín decía "yerro y soy" que fue de ahí que tomó Descartes para su "cogito ergo sum" ¿Pero que es yerro? Proviene del latín *errare,* errar es humano, ese errar puede estar fijado en la ignorancia que es una forma de mal, si errar sigue siendo más humano para ser, el error es mi existir en mi yo, el error me hace sufrir para "ser sufrir", la existencia es la angustia del ser y el sufrir es la vía para que el ser pase por ese lugar estrecho (angustia=*angustus*= estrecho), el ser no se puede conocer, ni pensar, ni entender, solo se puede sufrir, yerro, luego soy, al sufrir siempre se lo ha representado como un mal ¿Qué es el mal? Si sufrir es ser ¿Cómo puede estar el ser sin querer sufrir? Si lo que más quiere el ser humano es no sufrir, nadie quiere sufrir, llegar al sufrir es llegar al ser, alcanzar al ser, mi error en mi sufrir para saberme ser. El origen del mal está en no aceptar "el ser sufrir" que la razón dictamina en sus esquemas y en su lógica, la lógica en griego significa decir algo sobre algo, ¿Qué decimos sobre lo que nos produce dolor? Que el sufrir no es razonable, *ratio* significa tomar algo por algo, cómo se toma el sufrimiento, como se lo coge, el sufrimiento no es razonable, el sufrimiento es la lógica de lo irracional, cobra sentido lo irracional ya Camus hacía una crítica a Husserl sobre la razón:

"Este profesor de filosofía escribe sin temblar y en el lenguaje más abstracto del mundo que "el carácter finito y limitado de la existencia humana es más primordial que el hombre mismo". Se interesa por Kant, pero es para reconocer el carácter limitado de su "Razón pura". Es para llegar, al término de sus análisis, a la conclusión de que "el mundo no puede ya ofrecer nada al hombre angustiado" Albert Camus

¿Hay cómo ofrecerle algo al hombre existencial que vive angustiado, abandonado en su propia lejanía al querer ser sólo lo que no sabe qué ser?, pero Camus sigue:

"...el sistema husserliano, en su origen, niega, sin embargo, el método clásico de la razón, decepciona a la esperanza, abre a la intuición y al corazón toda una proliferación de fenómenos cuya riqueza tiene algo de inhumano. Estos caminos llevan a todas las ciencias o a ninguna. Es decir, que el medio tiene aquí más importancia que el fin. Se trata solamente "de una actitud para conocer" y no de un consuelo. Una vez más, por lo menos en el origen me enseñan mucho más...La conciencia no forma el objeto de su conocimiento; no hace sino fijar, es el acto de atención y, para decirlo con una imagen bergsoniana, se parece al aparato de proyección que se fija de golpe sobre una imagen.

La diferencia consiste en que no hay guion, sino una ilustración sucesiva e inconsecuente. En esta linterna mágica todas las imágenes son privilegiadas. La conciencia pone en suspenso en la apariencia los objetos de su atención. Con su milagro los aísla. Están desde entonces fuera de todos los juicios. Esta "intención" es la que caracteriza a la conciencia. Pero la palabra no implica idea alguna de finalidad: está tomada en su sentido de "dirección", sólo tiene un valor topográfico... ¿Debo temer que haya llevado demasiado lejos un tema manejado con más prudencia por sus creadores?

Me limito a leer estas afirmaciones de Husserl, de apariencia paradójica, pero cuya lógica rigurosa se advierte si se admite lo que precede: "Lo que es verdad es verdad absolutamente, en sí; la verdad es una, idéntica a sí misma, cualesquiera que sean los seres que la perciban, hombres, monstruos, ángeles o dioses". No puedo negar que la Razón triunfa y toca el clarín por esta voz. ¿Qué puede significar su afirmación en el mundo absurdo? La percepción de un ángel o de un dios no tiene sentido para mí. Este lugar geométrico donde la razón divina ratifica la mía me es para siempre incomprensible. También en ello descubro un salto, y aunque sea dado en lo abstracto, no deja de significar para mí el olvido de lo que, precisamente, no quiero olvidar.

Cuando más adelante exclama Husserl: "Si todas las masas sometidas a la atracción desapareciesen, la ley de la atracción no se vería destruida, pero quedaría simplemente sin aplicación posible ', sé que me encuentro ante una metafísica de consuelo. Y si quiero descubrir el recodo en que el pensamiento abandona el camino de la evidencia, no tengo más que releer el razonamiento paralelo que emplea Husserl a propósito del espíritu: "Si pudiéramos contemplar claramente las leyes exactas de los procesos psíquicos, se mostrarían igualmente eternas e invariables, como las leyes fundamentales de las ciencias naturales teóricas. Por lo tanto, serían válidas, aunque no hubiese proceso psíquico alguno". ¡Aunque no existiese el espíritu existirían sus leyes! Comprendo entonces que de una verdad psicológica Husserl pretende nacer una regla racional: después de haber negado el poder integrante de la razón humana, salta mediante ese sesgo a la Razón eterna."

El escándalo del existencialismo descansa en que casi parecemos humanos, deshumanizados en el aprender sin pensar que nos ridiculiza al parecer humanos, ¿nueva representación o antiguo descuido del filosofar por el hecho de entender sin comprender la existencia? , la razón a jugado a las escondidas y se ha diluido en la fantasía, el objeto de investigación ya no es la razón sino la fantasía , ya los niños son los primeros en tener una actitud filosófica frente a la vida al cuestionar todo que se da entre los cuatro y cinco años, la fantasía cuando se la aísla del pensar deja de pensar, de ahí que la palabra fantasía provenga del verbo griego (φαντασιαρ-phaíno) que es mostrar, aparecer, manifestar; la mayoría de los genios han descubierto las cosas no por ser gente sofisticada, sino porque se han obsesionado, han fijado su pensar en su fantasía, es el fijar, el dar en el blanco el que libera al pensar, la liberación del pensamiento se llama imaginación, ya Heidegger llegó a decir que al mismo Kant se le pasó por alto analizar algunos aspectos de la imaginación.

El sufrir es lo impensable, la inseguridad que crea el ser al no saber a qué atenerme en el mismo sufrir, el sufrir no es el no ser, es el que une al ser con el existir, es ahí cuando me sé ser existente, el sufrir es la síntesis de la historia que se proyecta en el devenir de la existencia, en el sufrir se encuentra el hombre que buscaba Diógenes, el hombre de verdad, la verdad como posibilidad del no estar para otro, la verdad es la posibilidad en el sufrir, el aceptar la condición de ser existencial, mi existir es la existencia del coexistir en el sufrir, puesto que rechaza al mismo sufrir; es lo que nos hace sufrir al perder el significado de las cosas, el significado es el que reconstruye la realidad.

Partamos de la premisa el sufrimiento es la presencia de la ausencia. El ausentismo del ser en la historia del existir se da al no pensar en él, sino el pensar sin él nos ha llevado a aprender sin pensar, el sufrimiento no piensa por sí mismo, pero hace pensar al establecernos en la ausencia que es cuando nuestra presencia queda cuestionada al hacerse una representación de la propia ausencia, el mal calcula sus proyectos en la inseguridad, el ser no busca asegurarse, sólo intenta mostrarse, la conciencia es otra forma que tiene el ser, cuando Nietzsche manifestaba que "el ser no existe, sólo existe la vida" ejecutó a la conciencia y forjó al ser sin conciencia, de ahí que el hombre sólo vive sin existir, al dejar a la vida a expensas de la misma, la alteridad apareció en el ser y es ahí cuando el ser no ha sabido qué y cómo hacer para ser él en cuanto es, su ausencia ha establecido a la nada, incluso a la nada como pensar, el nihilismo inventó la creencia de no creer en nada y esto sí que es "guardar desiertos"

El sufrimiento se vuelve contingente aunque no es contingente, es el ser en cuanto deja de ser, el ser es ser a la luz en el sufrir, el sufrir expone al ser al existir, lo ubica frente a ella, le hace tomar conciencia de lo irracional que es el existir al ser irracional la razón, la ausencia del ser sale de su estado de ausencia a la presencia, no como representación, sino como deber, inutilizando al ser cosa como realidad *res=cosa*, la realidad se convierte en una cosa al aceptar mi cosidad como cosa, me hace ser un agente del mal, sufrir sin sentido, es ahí donde el sufrimiento es la presencia de su ausencia, la escondite del ser se da o se ausenta en la maldad ¿Qué queda de la persona cuando su ser se ha escondido, se ha perdido no en el no ser, si no en el dejar de ser? La intuición desaparece al no proyectar su representación.

El "sufrir ser" le da libertad al ser y el no ser en su sufrir, es decir pierde su ausencia, la muerte anuncia la ausencia.

El ser al pertenecer a su ausencia que es el tiempo, el tiempo se prolonga en la ausencia de la memoria sin tener conciencia de él, la memoria crea la representación de mis hechos dados en un tiempo en donde ese ahora que tuvo un presente y ahora es un pasado que está ausente como hecho, sólo lo puedo utilizar en mi memoria, hacerlo presente sin poder cambiar el hoy que tuvo su mismo pasado, estoy condicionado a hacerme la representación de ese existir que ya fue, no volverá, se reducirá solo a mi espacio de ser. Mi presencia estará condicionada a la ausencia de mi propia conciencia, siempre se ha dicho que el mal hecho en sí no tiene reparo, una vez hecho queda marcado uno en su historia por ese mal, queda como un tatuaje, podríamos pensar entonces el mal no me exige ser, ni siquiera no ser, solo me da la ausencia, la nada de mi ser, una vez establecido mi ser ausente como algo presente, pero carente de conciencia. Establecida la ausencia como presencia el sufrir se relaciona sin mí, queda un abismo entre sujeto y sujeto, la pregunta ya no es ¿Quién soy yo? Sino para qué quiero saberme como yo, si el sufrir sólo es el mal de un bien que era existir.

El sufrir se convierte en un vivir dentro de mí, sin poder salir al existir, el sufrir nos presenta el desierto del vivir, el vivir que no es un existir, es un permitirme a mí mismo como ser, la cosa nos obliga a relacionarlos con el objeto, el sujeto se proyecta en su objeto, es ahí donde el conocer se vuelve un sufrir, el impedimento de saberme como ser existencial, ya que el ser hace existir su ser en el sufrir, donde el ser queda en su esencia.

El conocer es la representación de mí ser hecho sufrir. ¿Qué es el sufrir? Es la inutilidad del ser, mi inutilidad para conocerme en mi ser como ser dado, no tengo otra forma de ser que no saber cómo ser, la insatisfacción es la primera presencia de la inutilidad, la inutilidad inaugura la época de ya no esperar nada, no hay nada que decir, el no esperar nada es la postura de lo absurdo que en palabras de Camus: "no libera, ata" y de ahí ya no hay nada que decir ¿Cómo decir lo que no puedo discernir o tener conciencia de él?

El sufrimiento es la explosión del ser, ahí se expande contaminando a la misma realidad, el efecto que deja en la cosa-realidad en mi ser como cosa pensante según Descartes, es determinante y somete al pensar, el sufrir nos hace pensar en "mi nada" ¿Cómo es esa nada en mi pensar?, otra proyección con extensión, el ser se esparce en su nada de no saber ¿Cómo me proyecto al estar frente a mi debilidad y a la muerte? ¿Es el sufrimiento un fenómeno? Kant en su Crítica de la Razón Pura hablaba de una anfibología transcendental que era la confusión del objeto del entendimiento puro con el fenómeno ¿Cómo entiendo al objeto en su fenómeno? Pero ¿Cuál sería la Anfibología del existir? Es la confusión del estar como representación que es el estado de la inutilidad existencial con el sufrir, la nada del ser al existir, la nada se existe en su sufrir, se presenta en su creación como la inutilidad, su expresión es la forma en que no sabemos cómo expresarnos en el no comprender, el término *prósopon*= rol o papel, el hombre tiene un rol o papel que cumplir el mecanicismo que tenemos al obrar, condenados a obrar, la creación del obrar, ya Camus decía "No hay verdadera creación sin decretos, las obras colección de fracasos, no hay frontera entre el parecer y el ser, no hay destino que se venza con el desprecio." El desprecio que es la nada absurda representada en el sin sentido del sufrir y la insatisfacción que se ha implementado como proyecto de la modernidad, es ahí donde uno ha perdido su papel, primero se ha sacado a Dios, al director, y ya no sabe nadie qué papel le toca, se entiende que en una obra de teatro todos tienen la razón porque ninguno la tiene, el "ser sin sentido" tiene la capacidad de querer tener la razón precisamente porque no la tiene, la razón no puede percibir el sufrir ni puede dar un concepto de él, si no tiene concepto ¿en qué quedamos? " El objeto de un concepto al que no corresponde ninguna intuición precisable es igual a nada... realidad es algo, negación es nada... el objeto de un concepto que se contradice a sí mismo es nada, ya que el concepto es nada, lo imposible..." el objeto del sufrimiento es la persona, el sufrimiento le da el rol, se lo devuelve, le dice toma tu ser que es tu mismo ser desde el sufrir, es el estallido del existir, donde el mismo ser es su nada al no saber qué hacer con el sufrir, es ahí donde la alienación de la que tanto hablaba Marx esconde al ser, o la materia esconde al ser y lo repliega a un encierro, la misma termodinámica dice: "La energía de un sistema cerrado se degrada y adquiere finalmente una forma inutilizable" el ser no es un sistema, es el sufrir hecho sujeto, el sufrir es estar sin objeto, es donde el sujeto es realmente sujeto en sí, es ahí donde sólo le queda el contemplarse como porción de su mismo ser, aunque el "anti-ser" busca afirmarse en su negación, su nada que es la culpa escondida que es el diseño del "sufrir sin sentido" sufrir es encontrarme en mi propia nada, sujeto-sujeto, me sé ser en relación; la culpa es lo que no es ser, el hecho es que el sentimiento de culpa se vuelve inconsciente en el hecho de buscar siempre un culpable, la culpa consiste en buscar un culpable y es ahí cuando el cuerpo "se convierte en fuente de sufrimiento" Freud.

¿Cómo entiende el entendimiento al dolor? "...muchos sufrimientos de lo que uno pretende desembarazarse resultan ser inseparables del yo, de procedencia interna" p, 5 Freud. Contestando la pregunta se entiende el entendimiento del dolor en la nada, cuando el "yo" de Freud que es inseparable del sufrimiento, deja su yo para dejar al ser "ser" en el sufrir. La razón en el sufrir encuentra su inutilidad sin razón, pierde la razón, pierde su lenguaje, la razón pierde su razón de ser, la razón se queda sin ella, pierde su "astucia", el sufrir se convierte en el abismo del conocer y del ser.

El yo no es mi ser, pero el ser es mi yo, no hay cómo sacar el yo de mi ser, hay que dejarlo estar para poder coexistir, el yo impone el reino de la necesidad, el Ananké que es donde se da la ruptura de la realidad con lo que he proyectado y concebido como " mi verdad" una vez que el yo se traumatiza en ese trastorno al ver su realidad (su cosa) que no se da, el límite lo deja sin apoyo, es ahí donde uno busca la libertad porque se ve a sí mismo en su nada, la libertad queda entre paréntesis en el sufrir, se vuelve la comilla de la existencia, ya que el pensar es un pensarme en mi yo sin yo, el sufrimiento somete a la razón a la libertad y el sufrimiento proporciona en el sufrir la libertad del ser, no en la muerte, aunque el sufrir es un primer morir, según Sartre la libertad es una condena, pero ¿Quién dio la sentencia? No lo sabemos, intentaremos aproximarnos, el nuevo problema es la libertad que crea la misma conciencia, conciencia en griego tiene varios significados como remordimiento, el término *scire* en su origen es discernir, ser capaz de separar una cosa de otra con el entendimiento y la raíz se vincula a una raíz indoeuropea que es cortar, rajar, la conciencia corta al ser, lo hace saberse dividido en su libertad, el ser se divide en la libertad, se vierte, se derrama, la conciencia derrama la libertad; "ya que la conciencia no es en sí una representación destinada a distinguir un objeto específico, sino que es una forma de la representación en general, en la medida en que deba llamar conocimiento. En efecto, si puedo decir que pienso algo, es sólo a través de ella." Kant

La libertad se esparce en la idea, se la piensa como ideal, lo cierto es que a nadie nos gusta la libertad, deseamos deshacernos de ella para buscar un culpable, la libertad sin conciencia crea la alteridad y ésta la culpa, el hombre busca su "ser culpable", a quien condenar, por eso la libertad parece una condena, es decir el hombre la crea y el mismo la confina a su nada absurda, ¿Para qué le sirve a un hombre la libertad si no está dispuesto a esparcirse o a perderse en la inseguridad que crea el no poder saber que son las cosas en sí? La libertad se ha convertido en el refugio del miedo, miedo a no ser nada en el destino que proyecto en el tiempo que no conozco, la incertidumbre de no saberme en mi "después", "el después" no lo sé, mi existencia está pegada a la libertad de "mi sujeto" el sufrimiento destruye al "ser objeto" y lo deja en "ser sujeto" ya no es como decía Sartre: "El prójimo, por el contrario, se presenta, en cierto sentido, como la negación radical de mi experiencia, ya que es aquel para quien soy, no sujeto, sino objeto. Me esfuerzo, pues, como sujeto de conocimiento, por determinar como objeto al sujeto que niega mi carácter de sujeto y me determina el mismo como objeto."

Es ahí donde aparece la libertad ya no como el eslabón perdido de la existencia, sino que crea a través del sufrir al sujeto, relegando al objeto en el mismo sufrir, pero ¿Dónde queda el prójimo que me priva de la libertad dejándome el sufrimiento?, lo cierto es que nuestra sociedad vive del sujeto, el sujeto que sufre, el médico vive de un "ser sufrimiento", la necesidad crea el sufrir, la nada del sujeto es su objeto dándole a libertad, la libertad que es mi propio límite, soy en cuanto me limita mi sufrir, mi sufrir me obliga a ser ¿Cómo es el ser que tengo que ser? Sólo él se sabe en su libertad en su división, división no ene le sentido de estar separado, si no en saber sufrir, el escándalo que tiene el hombre en el sufrir es la piedra angular de todo existir, el griego *scándalon* (σκάνδαλον) que etimológicamente significaba una especie de cepo, lazo o trampa para cazar animales, derivado del griego *skandálethron*, mecanismo de desenganche o dispositivo de lanzamiento de un artefacto que sirve para cazar animales mediante un dispositivo que se cierra aprisionando al animal cuando este lo toca.

El sufrimiento es el escándalo del existir, es la trampa que pone el mismo existir para concebirse ella misma como objeto que desaparece que se hace su nada, al sujeto se lo caza ahí para hacerlo objeto, el escándalo que llevan los mismos filósofos al saber que conocer es sufrir, conocer al otro que es mi negación porque no es mi yo, es otro yo que no soy yo, esa ha sido la trampa del conocimiento, lo cierto es que no lo pienso porque es mi negación, conocer un objeto es imposible, conocerme yo como objeto es crear utopías, sólo me defino desde lo que me represento y no lo que aspiro a ser, porque no lo sé, pues el ser me obliga a ser –sujeto, el objeto es mi posibilidad de libertad de partirme en ser sujeto u objeto, el absolutismo de escoger ya Hegel lo expresaba así:

"Se trata, en efecto, del escepticismo que ve siempre en el resultado solamente la pura nada, haciendo abstracción de que esta nada determina la nada de aquello de lo que es resultado. Pero la nada, considerada como la nada de aquello de que proviene, sólo es, en realidad, el resultado verdadero; es, por esto, en ella misma, algo determinado y tiene un contenido. El escepticismo que culmina en la abstracción de la nada o del vacío no puede, partiendo de aquí, ir más adelante, sino que tiene que esperar hasta ver si se presenta algo nuevo, para arrojarlo al mismo abismo vacío. En cambio, cuando el resultado se aprehende como lo que en verdad es, como es negación determinada, ello hace surgir inmediatamente una nueva forma y en la negación se opera el tránsito que hace que el proceso se efectúe por sí mismo, a través de la serie completa de las figuras.

Pero la meta se halla tan necesariamente implícita en el saber cómo la serie que forma el proceso; se halla allí donde el saber no necesita ir más allí de sí, donde se encuentra a sí mismo y el concepto corresponde al objeto y el objeto al concepto. La progresión hacía esta meta es también, por tanto, incontenible y no puede encontrar satisfacción en ninguna estación anterior. Lo que se limita a una vida natural no puede por sí mismo ir más allá de su existencia inmediata, sino que es empujado más allá por un otro, y este ser arrancado de su sitio es su muerte. Pero la conciencia es para sí misma su concepto y, con ello, de un modo inmediato, el ir más allá de lo limitado y, consiguientemente, más allá de sí misma, puesto que lo limitado le pertenece"

El concepto no puede corresponder al objeto, sólo se aproxima a él, es su descanso sin decir de forma absoluta qué es él.

¿El objeto crea en mí una forma de pertenencia, esa pertenencia produce el sufrimiento?

El sufrimiento en la sociedad se esparce, etimología de la libertad, el sufrimiento se esparce en el "ser sociedad" que un invento de la misma cultura que hace el ser humano, para establecer normas de represión, el drama es que el límite no es perjudicial, pero

Freud dice:

"Así, nuestras facultades de felicidad están ya limitadas en principio por nuestra propia constitución. En cambio, nos es mucho menos difícil experimentar la desgracia. El sufrimiento nos amenaza por tres lados: desde el propio cuerpo que, condenado a la decadencia y a la aniquilación, ni siquiera puede prescindir de los signos de alarma que representan el dolor y la angustia; del mundo exterior, capaz de encarnizarse en nosotros con fuerzas destructoras omnipotentes e implacables; por fin, de las relaciones con otros seres humanos. El sufrimiento que emana de esta última fuente quizá nos sea más doloroso que cualquier otro; tendemos a considerarlo como una adición más o menos gratuita, pese a que bien podría ser un destino tan ineludible como el sufrimiento de distinto origen. "

"Pero los más interesantes preventivos del sufrimiento son los que tratan de influir sobre nuestro propio organismo, pues en última instancia todo sufrimiento no es más que una sensación; sólo existe en tanto lo sentimos, y únicamente lo sentimos en virtud de ciertas disposiciones de nuestro organismo."

Para Freud la sensación vendría a ser el ser del sufrimiento, si solo es sensación dónde queda el sufrimiento moral, cómo se explica el origen de la tragedia que es ser un ser para existir cuando nada nos consultó nuestro existir.

"Más enérgica y radical es la acción de otro procedimiento: el que ve en la realidad al único enemigo, fuente de todo sufrimiento, que nos torna intolerable la existencia y con quien por consiguiente, es preciso romper toda relación si se pretende ser feliz en algún sentido" "Particular importancia adquiere el caso en que numerosos individuos emprenden juntos la tentativa de procurarse un seguro de felicidad y una protección contra el dolor por medio de una transformación delirante de la realidad."

"En efecto: jamás nos hallamos tan a merced del sufrimiento como cuando amamos; jamás somos tan desamparadamente infelices como cuando hemos perdido el objeto amado a su amor." El sufrimiento nos enfrenta a la realidad de ser vulnerables sobre todo en algo que es bueno como el amor, pero ¿El amor humano es tan bueno? El otro me enfrenta a mismo ser, cuestiona mi ser, lo deja desprovisto de toda reacción, es ahí donde la existencia se convierte en un enemigo de mi realidad, el otro me pone frente a mí que no es como mi yo, ese yo que no quiere ser el yo de nadie.

"...del sentimiento o de la consciencia de culpabilidad, en cambio, cabe aceptar que existe antes que el super-yo y, en consecuencia, también antes que la conciencia (moral). Es entonces la expresión directa e inmediata del temor ante la autoridad exterior, el reconocimiento de la tensión entre el yo y esta última; es el producto directo del conflicto entre la necesidad de amor parental y la tendencia a la satisfacción instintual, cuya inhibición engendra la agresividad."

Todo esta tensión y defensa que manifiesta el yo con el super yo crea el "sufrimiento sin sentido", el sufrimiento humano, estar frente a lo que desconozco me hace sufrir, porque la tensión la crea la incertidumbre de no saber ser para alguien, mi autodestrucción no está en morir, sino en no aceptar a muerte de mi yo, la renuncia de mi defensa, aquí la existencia se convierte en una amenaza, frente a esta amenaza el sentimiento del estar solo ha creado el abismo del sufrir sin saber para qué sufrir, así que eliminémoslo, de ahí surge el sentimiento de culpabilidad al no saberme culpable, lo cierto es que el yo tiene un escándalo del super yo, ninguno quiere sufrir, todo es para mí, la "mismisidad" de que funda lo absurdo

Libertad desde su etimología griega *leibo,* significa verter, derramar, el sufrimiento es la libertad de la verdad, ser libre es pensarse en el sufrir con relación hacia el otro, no es sólo un ponerse en los zapatos del otro como ser libre en su yo, soy libre al aceptar al otro en su libertad, libertad a sufrir equivocándose, es ahí donde se verte el ser en el otro ser, se adhiere a la vida del otro en el padecer en el espacio que crea el mismo sufrir al no saberse en el destino que produce la angustia.

El ser, el sufrimiento, el arte y la sociedad

"...pues yo no soy yo: tenemos la todavía identidad social del ser." Sartre

El hombre sufre porque no es su ser, el ser sufre por ser, pero no puede ser porque el mismo ser es negación humana, dividido al no dejarse ver, la libertad que usa para esparcirse en la realidad (res=cosa) apenas se lo logra re-presentar como un sistema cerrado que tiende a desconfigurarse, sufre al no poder dejarse conocer, tiene la incapacidad es su nada.

Mi ser ya no es mi mismo ser al sufrir, expresa su ser en el sufrir, su ser nada, conozco su nada al no aceptar al objeto, el no aceptar es no conocer, mi conocer mi irracionalidad... la igualdad no da felicidad.

El sufrimiento mide al conocer no pudiendo conocerse en él, el ser se conoce en su sufrir y los destellos que desprende hace volver al ego a su interior no como objeto sino como objeto de ser sujeto. Husserl define al ser: "Como la simple indicación de una serie infinita de operaciones por efectuar." El sufrir le da conciencia a la conciencia para conocerse en ella.

El sufrimiento devela el misterio del ser hombre, lo deja al alcance de la misma existencia, se muere así mismo como sujeto alcanzado sin necesidad de ser objeto. El sufrir desenmascara al *noumeno*, lo deja en el desierto de su propio objeto, lo arrincona en su racionalidad y lo ajusta a lo observable, mientras el sufrir no deja pensarse, se deja conocer en el misterio que abarca al ser humano.

Como no puede ser se encierra en el misterio, el misterio del no saber, por eso el hombre es un misterio, misterio significa que no sabemos, el misterio es la envoltura del ser, envuelve la existencia, el misterio es la espera del ser, lo cierto es que ya no esperamos nada, la cotidianidad suministra una buena dosis de nada absurda que se vuelve absoluta cuando ya no espera nada, es cuando el ser "es" no siendo ese "es"

Si el misterio es la espera del ser ¿Qué es esperar? La espera hace que el ser se piense a sí mismo como existencia y la espera crea el misterio, el lapso de tiempo que hay entre la llegada de lo que se espera y de lo que llega o no llega el misterio hace abstracción del mismo ser, ese lapso que llamaremos el "el misterio del ser" es el que desencadena la posibilidad de lo significativo, lo significativo es el don.

Vamos despacio, para aclarar esto vamos a tomar como referencia a la mitología griega, mito significa hacer manifiesto, hacer que aparezca; nos vamos a situar en la caja de Pandora, conocemos el mito, pero vamos a desmenuzarlo.

Se dice que Zeus estaba furioso por la maldad del hombre y le ordena al feo de Hefestos hacer una mejer, Hefestos se esfuerza, incluso llegó a decir que era el trabajo más difícil que tenía, se esforzó y fábrico a la mujer tomando como modelo a las bellas diosas y le dio vida cogiendo una chispa del Olimpo. Cuando Zeus la vio le ofreció un regalo, le da su nombre que significa: "de todos los dones", luego le da un cofrecillo en el que contiene todos los males que pueden hacer sufrir, llorar, le pide que no lo abra, lo cierto es que Pandora llevada por la curiosidad abrió apenas el cofre y salieron los males, sólo quedó en el interior un pajarillo que era la esperanza.

El querer tener conciencia es el principio del sufrir, no el origen. Lo interesante del mito es que Zeus la llama: "de todos los dones" estos dones eran un poco de males, es decir el don abre paso a los males, parece paradójico, pero el mismo guarda su bien que es la esperanza, Nietzsche argumentaba que el único mal que se quedó en la caja fue la esperanza, por eso ya no hay nada que esperar, la espera en sí causa el sufrir, agota, pero ¿Cómo se explica que el don dé apertura al mal y se guarde la esperanza?

La falta de espera ocasiona el origen de la tragedia, deja sitiado al ser a ser como no se sabe qué ser, se lo ejecuta en la guillotina del objeto que es su razón, Foucault diría que es la estructura la que diseña la existencia, sacar al sujeto y al objeto es querer convertir a la existencia en el manicomio de la razón, lo que llamaremos "el inoclástico periodo de la razón" la razón empuja al sujeto y al objeto al abismo de la nada, su nada convierte a la razón el narcisismo del pensar.

No tenemos una descripción de nosotros mismos, empezamos a carecer de sentido, al darle sentido a las cosas que es la proyección que optimizo para no sufrir, si se tiene que llegar es necesario alargar la agonía. La agonía se alarga en la sociedad y se proyecta en la cultura, según Freud:

"Ya hemos respondido al señalar las tres fuentes del humano sufrimiento: la supremacía de la Naturaleza, la caducidad de nuestro propio cuerpo y la insuficiencia de nuestros métodos para regular las relaciones humanas en la familia, el Estado y la sociedad." Califico de sorprendente esta aseveración, porque -cualquiera sea el sentido que se dé al concepto de cultura- es innegable que todos los recursos con los cuales intentamos defendernos contra los sufrimientos amenazantes proceden precisamente de esa cultura. ¿De qué nos sirve, por fin, una larga vida si es tan miserable, tan pobre en alegrías y rica en sufrimientos que sólo podemos saludar a la muerte como feliz liberación?"

La misma cultura le abre camino al sufrir sin sentido hasta llegar a la obcecación para luego justificar de forma racional la violencia por el pretexto de una lucha que justifique mis miedos en reglas establecidas, así parimos nuevas sociedades con nuevos traumas, pero con el mismo sufrimiento, por eso Freud sigue:

"…al hombre no le resulta fácil renunciar a la satisfacción de estas tendencias agresivas suyas; no se siente nada a gusto sin esa satisfacción"

La nueva agresividad es la exigencia, el mundo te pide de todo, pero no te da nada, porque si te da todo el mundo tendría una respuesta al sufrir, en cambio el mundo en su mundanidad la evade en el hacer tantas cosas con tal de evitar el sufrir, suele decirse que la Historia se venga en la naturaleza, por eso se toma el tiempo que le permite la estupidez humana con ínfulas de racionalidad a través de las catástrofes de las guerras.

Es así como la sociedad escondida en la masa de Ortega y Gasset giran al son de la inconciencia de la razón llamado hedonismo

"…de apoyo el aforismo de Schiller, el poeta filósofo, según el cual «hambre y amor» hacen girar coherentemente el mundo"

"El hombre filosófico tiene incluso el presentimiento de que también por debajo de esta realidad en que nosotros vivimos y somos yace oculta una realidad del todo distinta, esto es, que también aquella es una apariencia: y Schopenhauer llega a decir que el signo distintivo de la aptitud filosófica es ese don gracias al cual los seres humanos y todas las cosas se nos presentan a veces como meros fantasmas o imágenes oníricas." Nietzsche "…el arte es la tarea suprema y la actividad propiamente metafísica de esta vida."

La mayoría del arte que se ha creado según el mismo Freud ha nacido de la forma que tiene la persona para sufrir, el sufrir no es un método, es el detonante de la manifestación humana hecha arte, el arte le da forma y significado al sufrimiento, este arte nos hace entrar al mundo siendo un don nadie y sale del mismo sin nada, se va sin el don.

"Aquel pueblo tan excitable en sus sentimientos, tan impetuoso en sus deseos, tan excepcionalmente capacitado para el sufrimiento, ¿de qué otro modo habrá podido soportar la existencia, si en sus dioses esta no se le hubiera mostrado circundada de una aureola superior"

"Sirviéndose de este espejismo de belleza lucha la «voluntad» helénica contra el talento para el sufrimiento y para la sabiduría del sufrimiento, que es un talento correlativo del artístico: y como memorial de su victoria se yergue ante nosotros Homero, el artista ingenuo."

Nietzsche da el detalle de la sabiduría del sufrimiento, aquí la existencia se vuelve "existenciaria" al ver la vida enfrentándose al sufrimiento y la única forma de enfrentarla es con el arte, vivir el sufrimiento como placer curado, el arte saca al sufrimiento, lo escruta en el misterio de ser sufrimiento y sale en forma de arte, he ahí la sabiduría del sufrimiento, el arte de Munch lo expresa muy bien en su obra "El Grito" la angustia retratada en ser humano que no parece humano, es decir el escándalo de ser casi humano nos sentencia a no querer ser humanos, el intento por ese parecer nos deja en la mera representación de la representación de ser humanos; cuando aparece el sufrir donde el humano se acerca a su existencia, la palpa en el sufrir, comprende el misterio sin entenderlo, es decir le hace existir, toma conciencia de su vivir sabiendo que se va a morir, va a desaparecer, el hombre se vuelve a encontrar con la libertad que es el medio donde tiene que esparcir su existencia en una decisión, acepta ser humano en su propio escándalo al no poder con su propia historia de sufrimiento o se rebela contra su historia que lo deja sin humanidad y lo vuelve un ser para nadie, ya que su ser se vuelve un ser sin ser, pero si se acepta el sufrir como escándalo humano se convierte en un estética del existir, es como el ejemplo de aquél fotógrafo que ganó un concurso al ver a un niño agonizando mientras los buitres esperaban que muera para que sea su almuerzo, ¿Una estética del sufrir transcendental? ¿Puede haber una respuesta para esto? Lo cierto es que no hay más belleza cuando se toma conciencia de las cosas, aunque a la conciencia no se la pueda tomar como un objeto, pero comprendo su dimensión. El ser del sufrimiento se contextualiza en el arte, aceptando al caos y lo no pensado como parte de ese ser.

BIBLIOGRAFÍA

Bergson, H. ***La evolución creadora***

Camus, A. ***El Mito de Sísifo***

Descartes, R. ***El Discurso del Método***

Descartes, R. ***Meditaciones Metafísicas***

Foucault, M. ***Historia de la locura***

Freud, S. ***El Malestar de la Cultura***

Fuerbach, L. ***Principios de la filosofía del futuro y otros escritos***

Heidegger, M. ***El ser y el tiempo***

Heidegger, M. ***¿Qué significa pensar?***

Hegel, F. ***Fenomenología del espíritu***

Husserl, E. ***Ideas relativas a una fenomenología pura y una filosofía fenomenológica***

Husserl, E. ***Lógica transcendental***

Kant, I. ***Crítica de la razón pura***

Kierkegaard, S. ***El Concepto de la angustia***

Nietzsche, F. ***El origen de la tragedia***

Agustín, S. ***Ciudad de Dios***

Sartre. J. ***El ser y la nada***

Schopenhauer, A. ***El mundo como voluntad y representación***

Printed by Books on Demand GmbH, Norderstedt / Germany